유구국 사상가

채온의 《사옹편언》

김헌선 역편

보고사

▲ 蔡溫이 심은 蔡溫松

현재 산이나 해안가에 남아 있다. 유구의 소나무를 장려하여 심게 하여 나라를 재목으로 쓰고자 하였다.

◀ 채온의 초상화, 岩波書店
≪오키나와의 유산(沖縄文化の遺宝)≫에서 나온 자료이다.(Wikipedia)

▲ 채온의 무덤(蔡温・具志頭親方文若の墓)
野々村孝男編著 ≪사진집, 그리운 오키나와(写真集懐かしき沖縄)≫, 琉球新報社 2000.(Wikipedia)

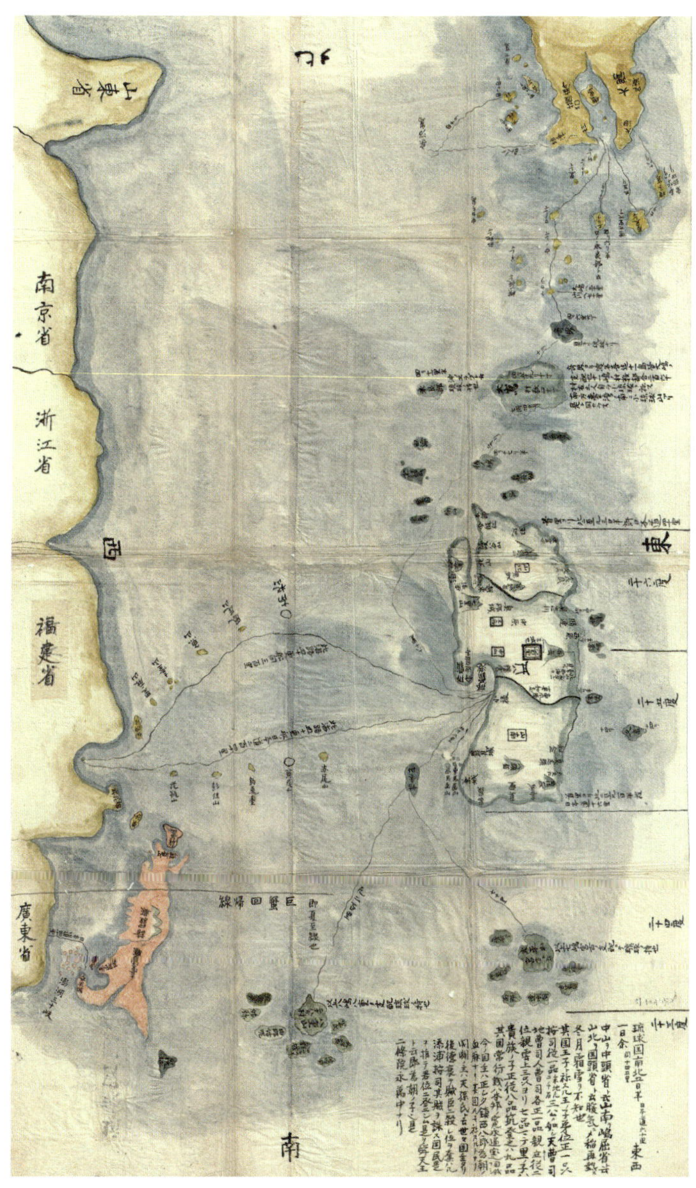

▲ 사츠마한 영역 그림

가고시마 유구 대만 등이 지도에 그려져 있다.(Wikipedia)

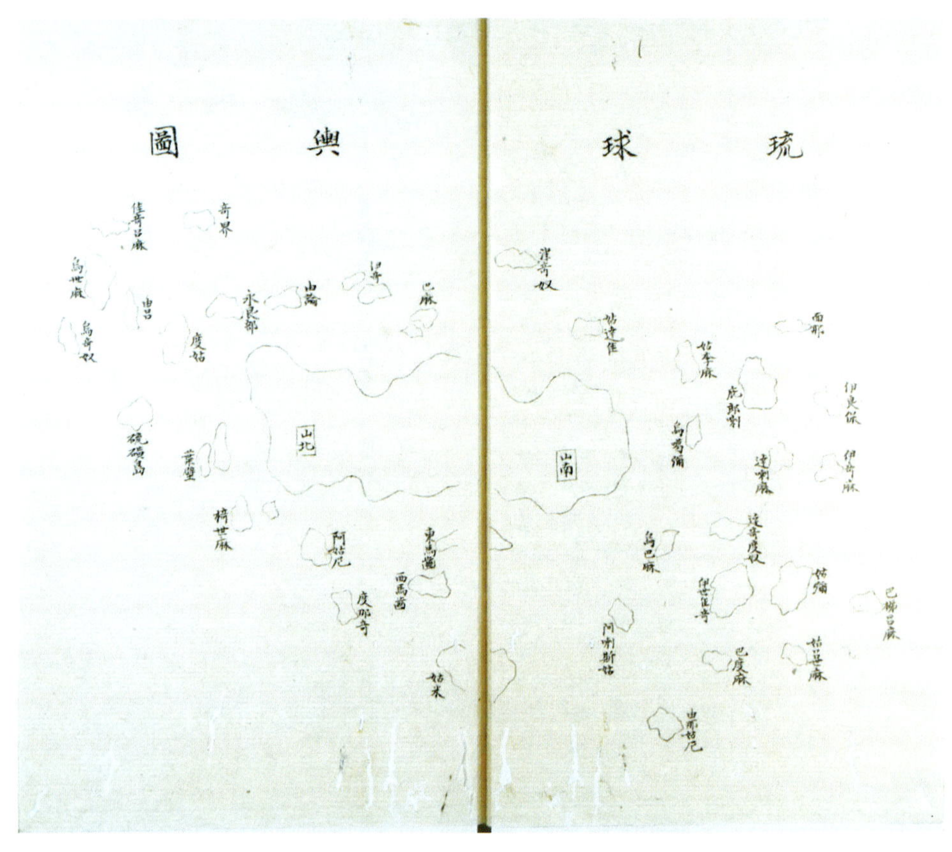

▲ 유구왕국의 지도(琉球輿圖)(Wikipedia)

▲ 三山時代의 琉球國圖(Wikipedia)

머리말

동아시아 유구국(琉球國) 채온(蔡溫, さいおん, 1682年10月25日, 康熙21年9月25日-1762年1月23日, 乾隆26年12月29日)의 《사옹편언》(簑翁片言)을 번역하여 세상에 내놓는다. 《사옹편언》의 제목을 말 자체로 본다면 도롱이를 쓴 노인의 조각 말이니 촌철살인격의 단상을 말로 적은 글이라고 하는 뜻이다. 자신의 얼굴을 드러내지 않고 산림에 머물러 살면서 세상을 사는 지략을 은밀하게 비전하는 노인의 말을 모아놓은 것이다. 그런 점에서 채온이 1746(乾隆11)년에 저술한 《사옹편언》은 18세기 중반의 소중한 사상서이다. 《사옹편언》은 동아시아에서 공유한 사상을 집약하고 난세의 시기에 학문의 바른 지침을 제공한 점에서 놀랄 만한 저작이다. 적절한 인물과 단편적 사건의 설정, 짧은 말 속에 집약된 사상적 깊이, 난세를 사는 지혜를 숨어사는 이인의 전통, 은자의 계보 속에 노출시킨 명저가 바로 《사옹편언》이다.

이 책의 번역이라고 하지만 능력이 모자라 잘못된 번역이 많겠지만 이를 구태여 세상에 내미는 이유는 두 가지 때문이다. 1990년대 후반에 동경의 간다 진보초 고서점가를 방문하여 구양(球陽) 서점에서 채온에 관한 책자를 발견하였다. 그 책을 가지고 와서 머무는 숙소에서 번역을 시작하여 돌아오는 비행기 안에서도 이 책의 번역을 놓지 않았다. 단숨에 이 책의 한문본을 번역하고 채온의 사상과 정신적 깊이에 감화되었다. 이 인물이 누구인가 고민을 많이 하게 되는 과정에서 번역된 결과물이 작은 복사본으로 제본이 이루어졌고, 이 번역본을 고려대학교 최귀묵 교수와 경기대학교 박물관 권진숙 선생님이 일독하면서 번역된 문장을 꼼꼼히 보아주었다. 그 교정을 통해서 어느 정도 잘못을 바로잡을 수 있었으며, 현재의 형태로 굳어졌다.

조동일 교수님께서 채온에 관한 책 두 가지를 증여하고 격려해주신 덕분에 이 책의 모자라는 대목에 대한 주석과 번역을 추가할 수 있었다. 그 책이 바로 《채온선집》과 《채온》이라고 하는 저작이다. 두 저작을 통해서 채온에 관한 일련의 의미로운 파악이 가능하게 되었으며 채온의 저작과 사상에 대한 깊이 있는 이해도 가능하게 되었다. 세상에 공부할 것이 너무 많고 모르는 것이 너무 많아 알아야 할 것이 많아졌음을 새삼스레 깨닫게 되었다. 채온에 대한 번역은 이 깊은 선연이 이루어낸 결과이다. 이 책을 더 묵혀두어도 소용이 없고 모자라는 것이기는 하지만 이 책을 내서 세상에 채온을 알리는 일이 필요하다고 하는 생각을 다시 하면서 간행에 이르게 되었다.

책을 묵혀놓고 있는데 점점 눈이 어두워지는 과정에서 생각도 희미했으나 최근의 우리나라에 대한 일련의 문제를 환기하면서 채온의 말이 불현 듯이 생각이 났다. 그것은 채온이 지은 《치도요전》(治圖要傳)의 "夫國者 外旣無畏 內必生憂 外旣有畏 內必無憂(대저 나라라고 하는 것은 밖으로 이미 두려워 할 것이 없으면 반드시 안에서 근심이 생기고, 밖으로 이미 두려워할 것이 있으면 반드시 안에는 근심이 없다)"라고 하는 말이 그것이다. 내외의 갈등이 상호작용을 하면서 새로운 시대의 지도 이념이 되어야 하는 것을 새롭게 구현하였기 때문이다. 그러한 관점에서 보니 채온이 살다간 시대는 우리 시대 이 나라의 현재와 미래를 이해하는데 소중한 지침이 될 수 있음을 알게 되었기 때문이다. 지식인이 삶을 살면서 실천하는 것이 가장 중요한데 그 전범을 채온의 식견과 삶은 가히 존중할 만한 것이 되기 때문이다.

동아시아 전체가 천하동궤(天下同軌)의 질서와 천하동문(天下同文)의 공동문어로 대동이 가능한가 끊임없는 질문을 하면서 최근에 몇 가지 책을 읽다가 대동의 문제로 이것이 귀결되는 것임을 깨달았다. 채온의 문제의식이 여기까지 이른 것은 아니지만 촌철살인격으로 끊임없이 문제를 제기하고 풀고자 하는 사옹의 의식이 결과적으로 이러한 생각을 하는데 매우 주목할 만한 가치를 지닌다고 생각하였기 때문에 이 책의 명구들을 다시 떠올리게 되었다. 유기(劉基, 1311~1375)가 지은 《욱리자》(郁離子)라고 하는 저작이 바로 그것이다. 거기에서 대동의 문제를 섬부하게 우언으로 제시한 바 있다. 〈천하는 대동을 귀하게 여긴다〉(天下貴大同)이라고 하는 대목이 그것이다.

海島之夷人好腥 得蝦·蟹·螺 蛤皆生食之 以食客 不食則咻焉. 裸壤之國不衣 風冠裳則駭 反而走以避 五谿之蠻羞蜜喞而珍桂蠹 貢以爲方物 不受則疑以逃. 郁離子曰 世之抱一隅之聞見者 何莫非是哉. 是故衆醉惡醒 衆貪惡廉 衆淫惡貞 衆汚惡潔 衆枉惡直 衆惰惡勤 衆佞惡忠 衆私惡公 衆嫚惡禮 猶鴞之見人而赫也. 故中國以夷狄爲寇 而夷狄亦以中國之師爲寇 必有能辨之者 是以天下貴大同也.

(바다 섬 가운데 사는 오랑캐는 날 것 먹기를 좋아한다. 새우, 게, 소라, 대합 등을 잡으면 모두 날로 먹는다. 손님에게도 그렇게 대접하면서 먹게 하는데 먹지 않으면 요란스레 떠든다. 나양(裸壤)나라 사람은 옷을 입지 않는다. 관이나 옷을 입은 모습을 보면 해괴하게 여겨서 도리어 달려가면서 피한다. 오계(五谿) 남만족(南蠻族)은 꿀을 먹여 기

른 새끼 쥐를 맛난 음식으로 여기고, 계피나무의 벌레를 진귀한 음식으로 여긴다. 지방의 특산물로 여겨서 이를 공납하여 받지 않으면 따돌리는 것으로 의심한다. 욱리자(郁離子)가 말한다. "세상에서 한 모퉁이에서 안고 사는 견문자는 어떠한 사람이든 이와 같지 않겠는가? 이러한 까닭으로 술에 취한 뭇사람이 깨어있는 사람을 미워하고, 탐심 많은 여러 사람이 청렴한 사람을 미워하고, 음탕한 다수가 정절 있는 사람을 미워하고, 더러운 뭇사람이 깨끗한 사람을 미워하고, 굽은 여러 사람이 곧은 사람을 미워하고, 게으른 뭇사람이 부지런한 사람을 미워하고, 사사로운 뭇사람이 공변된 사람을 미워하고, 교만한 뭇사람이 예의 있는 사람을 미워한다. 마치 이것은 썩은 쥐를 잡고서 혹여 빼앗길까 두려운 나머지 사람을 보고 두려워하는 것과 같다. 이로 말미암아 중국은 이적을 도둑으로 여기나 이적 또한 중국의 군사를 도적으로 여긴다. 반드시 이를 분별할 줄 아는 사람이 있을 것이다. 이러한 까닭으로써 천하가 대동을 귀중하게 여겨야 한다."

이처럼 절실한 설정이 어디에 있는가? 이 글쓰기는 우언이다. 유기 자신을 욱리자로 설정하고 세상의 한 켠에서 믿는 사실이 천하의 공통된 이법이 되기 어렵고, 하늘의 보편성을 대동으로 간주하여 두루 보편성을 확인하면서 보여주어야만 참다운 대동에 이를 수 있다고 하는 사실이 이 글의 진정함이다. 중화와 오랑캐의 구분이 무의미하고 인물균(人物均)이나 천하물인기동론(天下物因氣同論)의 관점을 계승한 것과 다르지 않다. 대동소이의 관점이 분명하게 드러나는 점에서 같은 발상을 담고 있다.

목이 마르던 차에 이 말은 여러 선인들의 사상을 반추하게 한다. 유기가 말한 이러한 대동의 의미를 심각하게 고민한 인물이 바로 18세기의 홍대용이고, 박지원이며, 19세기에는 최한기의 고민도 여기에 이르렀다. 홍대용과 박지원의 우언이나 우언소설이 이와 다르지 않고 우언작품으로 《욱리자》가 지니는 가치를 더욱 새롭게 하는 것이라고 하지 않을 수 없다. 홍대용과 박지원의 생각이 여기에서 근원하고 더 멀리는 《장자》와 같은 것에서 기원했을 것으로 추정된다. 그런데 《욱리자》의 발언이 사실은 채온의 《사옹편언》과 다르지 않음을 소스라치게 놀라서 깨우치게 되었다.

《사옹편언》에서 보여준 사상의 내용이나 저술 경위는 본문의 다른 글에서 확인하기로 하고 이 저작의 간략한 개요를 소개하고자 한다. 채온의 나이 27세인 1708년(康熙47)에 청(淸)나라 복주(福州)에 통역관으로 가서 복주 유구관(琉球館) 근처의 능운사(凌雲寺) 주지의 소개로 그곳에서 머물고 있던 호광(湖廣)의 은자를 만나서 실학과 양명학에 크게 눈을 뜬다. 채온은 호광의 은자 이름이나 소종래를 물었으나 호광 지역 출신이라고 하는 것을 소개한 것만도 많이 말한 것이라고 하는 점을 듣고 대략 50일 정도 문답을 이어가면서 그의 사상에 깊은 감화를 받게 된다. 그때의 감흥을 통해서 유구국을 일깨우고자 하는 사상적 각성을 이 책을 통해서 부여하고자 하였다. 그렇기 때문에 이 책에서는 은자, 선비, 승려 등이 등장하면서 문대와 문답의 형식을 통한 일련의 각성과 깊은 통찰을 제시하고 있다

《사옹편언》은 은자의 전통을 일깨우는 단상집이다. 은자라고 하는 이들이 마땅히 사상사의 한 계보로 이어져야 하는 점을 다시 인식하게 된다. 가령 홍대용의 《의산문답》에서 의무려산에 있던 실옹이 바로 은자의 전통과 깊은 관련이 있다. 세상에 살면서 자신의 이름을 내는 것보다 은자로 머물러서 세상에 왔다간 흔적을 깊이 감추는 일이 요긴하다. 《사옹편언》은 채온의 사상적 이면으로 은자의 전통을

잇는 것임이 아닐 수 없다.

《사옹편언》은 우언작품집이다. 내용이 풍부하고 다채로운 것은 아니지만 간결한 말 속에 깊은 사상적 전통과 이해가 서려 있으며 세상에 모든 사상은 현실적인 소용이 있다면 이를 거부할 필요가 없음을 여러 경로를 통해서 보여주고 있는 저작이라고 할 수 있다. 사상의 문자옥에 갇히지 않고 활발하게 이를 이으면서 현실의 두꺼운 장벽을 넘어서는 것이 가장 요긴한 일임을 새롭게 계승하고자 하면서 사람들을 일깨우는 사상을 담은 것이 이 저작이다.

《사옹편언》은 실학과 양명학의 사상이 깊게 배어 있는 작품집이다. 채온은 은자로부터 깊은 감명을 받고 은자가 믿는 실학에 대한 견해를 이어받아서 중요한 저작인 《실학진비》라고 하는 저작을 지었다. 이 저작은 상경왕(尙敬王)에게 바쳤지만 불행하게도 이 저작은 오늘날 남아 있지 않다. 실학의 기원과 의미를 밝히면서 학문의 실천으로서 지니는 의미를 구체화하는 작업을 하였다. 아울러서 양명학의 영향이 곳곳에서 발견된다.

이 책의 구성은 제1부와 제2부로 한다. 제1부에서는 세 편의 간략한 글을 붙였다. 채온의 저작과 사상을 간략하게 살폈다. 여러 모로 부족한 글이지만 채온의 학자적 면모와 사상을 살펴보기 위해서이다. 두 번째 글은 한국학중앙연구원에서 동아시아국제학술대회에서 발표한 글인데 약간의 수정과 증보를 하였다. 세 번째 글은 김만중과 채온의 사상과 글쓰기를 비교한 것으로 단편적인 글이다. 제2부에서는 《사옹편언》의 원문 번역 주석을 가한 것이다. 채온의 사상을 이해하는 작은 디딤돌이 되기를 희망한다.

채온에 대한 본격적 연구를 할 필요가 있음을 절감하면서 이 유구국의 전통 학문을 온전하게 정리하지 못하고 일단 《사옹편언》만을 소개하기로 한다. 번역의 대본으로 삼은 것은 월간충승사(月刊沖繩社)에서 1976년에 낸 《蔡溫－傳記と思想》이다. 장차 채온의 학문을 전반적으로 검토하여 채온 연구서를 내기로 다짐한다. 그렇게 하는데 진정한 학문의 동아시아적 미래를 낙관할 수 있어야 한다고 확신한다. 동아시아문명권의 대동소이 가운데 천하동문의 학문적 대동을 근거삼아 학문으로 같은 점을 구하고 이를 실천할 수 있는 날들이 이어지기를 빈다. 채온이 이룩한 학문의 자양분이 우리에게도 올곧게 있음을 기쁘게 생각하면서.

2014년 2월 11일
새로운 한 학기를 앞에 두고
김헌선

차례

채온의 저작과 사상

1. 채온의 처지

채온(蔡溫)은 험난한 시대를 살다갔다. 유구국이 본격적으로 일본 사츠마한(薩摩藩, さつまはん)의 지배를 받기 시작하던 시대였기 때문이다. 유구국의 내부 분열이 심각하고 적지 않게 문제가 발생하던 것은 당연하였다. 채온은 이 시대를 자신이 닦은 경륜으로 다스려 일구면서 유구국의 융성을 위한 새로운 전환을 추구하였다. 그러나 적지 않은 내부 갈등도 있었으며 중국 중심주의를 한학파라고 규정하고 맞서는 특별한 세력 때문에 반목하고 그들을 모두 참형하는 참혹한 일도 겪게 되었다. 그래서 채온을 권력의 전횡자로 보는 견해도 당대뿐만 아니라 후대에도 존재하고 있었다.

다음의 문면에서 채온에 대한 평가가 어떻게 이루어지고 있는지 분명하게 확인할 수 있을 것이다.

> 蔡溫一派의 漢學者는 支那思想을 鼓吹, 《中山世鑑》(역자주 : 유구의 역사서)을 漢譯하고 《琉球國日記》(역자주 : 유구의 역사서), 《球陽》(역자주 : 유구의 역사서) 기타 碑文類까지 漢文으로 기록하게 되었다. (그 이전에는 주로 국문을 사용하였다.) 漢學者가 등용되어 國文學(和文

學)을 공부한 平敷屋朝敏(へしきやちょうびん)一派는 無視당했다. 그러나 채온은 처음에 양파를 조화시키려고 국학자의 우두머리격인 惣慶(そうけ)의 등용을 시도했으나, 그의 노회한 수단도 지위 권력을 경시하는 硬骨漢의 惣慶을 움직이지 못하여 마침내 惣慶은 八重山으로 유배되었다. 유구 속어 古今集의 저자인 天宮城도 결국 등용되지 않았다. 당시 識者는 "蔡溫은 시의심이 강하고 타인의 능력을 시샘하는 버릇이 있다"고 평했다. 혹은 이 評價는 맞지 않을지 모르지만, 그가 부하를 채용할 때는 먼저 "자기에게 同化시켜서 小蔡溫이 되지 않으면 채용하지 않았다고 한다. 그것은 氣骨稜稜한 才物인 蔡溫에게 바랄 수 없는 일이었을 것이"라고 眞境名安興은 추론한다.[1)]

한문학자(漢文學者)와 일본문학자(和文學者)의 갈등은 단순하지 않았으며 서로 유구국의 이니셔티브를 장악하기 위한 다툼이 있었으며 그 가운데 일본문학을 추존하던 세력의 우두머리 격에 해당하는 平敷屋朝敏(へしきやちょうびん)과 그의 추종자 14명을 참형하는 사건이 발생하였다. 중국 중심주의와 일본 중심주의 갈등이 유구국에도 밀어닥친 것이라고 할 수 있다. 왜 이러한 갈등이 생겨나게 되었는지 그 이치는 자명하다. 친일파와 독립파로 나뉘어서 싸운 과거의 우리 역사 체험이 무관하지 않다.

그러나 이 말을 얼마나 준신할 수 있을지 좀 더 고찰이 필요하지만 이 서술 속에 채온과 반채온 세력의 깊은 갈등이 있으며 이 갈등의 이면에 일본 사츠마한의 흔적이 강력하게 느껴지는 것을 볼 수 있다. 한학파와 국문파의 갈등은 달리 말하면 중국지향주의와 일본지향주의의 갈등으로 이해된다. 국문파 15명을 처형하고 두 파의 갈등을 중

---

1) 眞榮田義見, 《蔡溫-傳記と思想》, 月刊沖繩社, 1976.

재하려던 소우케(惣慶)를 야에야마(八重山)으로 유배하는 것을 같은 맥락에서 이해할 수 있겠기 때문이다.

그렇지만 자신의 전통을 중시하고 유구국을 일으키고자 하는 노력 때문에 현재는 유구국의 왕이라고 일컬어지는 존재가 되었다. 어떻게 그럴 수 있었는가 하는 점이 가장 중요한 문제이다. 그것은 일관된 정책과 자신의 사상적 근거를 통해서 실천하는 일을 서슴지 않고 밀고 나갔기 때문이다. 좌절하지 않고 한 시대를 선도하고 학문과 실용을 동시에 추구한 것은 채온이 지니는 처지의 극복이었다고 하지 않을 수 없다.

2. 채온의 글쓰기 방식과 저작

채온의 글쓰기는 두 가지 형태로 이룩되었다. 하나는 전통적인 한문 글쓰기를 했다. 다른 하나는 후문(候文)[2]이라고 불리는 것으로 이른 바 한화혼효문(漢和混淆文) 또는 가명혼효문(假名混淆文) 등을 적극적으로 쓰기도 하였다. 화문의 글쓰기를 병행하였다. 그렇지만 정작 중요한 저작(著作)은 한문으로 이룩하였으며 이 저작 모두 공히 중요한 구실을 한 것으로 말할 수 있다. 가령 다음과 같은 두 가지 문장을 비교하면 쉽사리 이해될 수 있다고 판단된다.

夫酒者當飮醉時 雖聰敏通達之人 變乎重義思恥之德 而招乎輕義忘

2) 候文(そうろうぶん), 일본어 가운데 중세부터 근대에 걸쳐 사용 된 문어의 문체 가운데 하나이다. 문장의 끝에 정중 조동사(丁寧の助動詞) "候"(そうろう、そろ、歴史的仮名遣いではサウラフ, 사우라우)를 둔다.

恥之病 嗚呼 酒之爲性如此 若爲上者好酒不止 則其風汎流 其俗甚染 國人各抱其病 自不之覺 是故輕義忘恥之俗旣興 則廉節也人 亦爲俗習所惑 動傷百姓 是輕義故也 動犯府庫 是忘恥故也 夫如是則 雖豊肥之國必就瘦矣 重義思恥之俗旣興 則貪欲之輩 亦爲俗習所戒 不傷百姓 是重義故也 不犯府庫 是思恥故也 夫如是則 雖衰瘦之國 必就肥矣 夫肥與瘦出乎風俗 故善治國者 必正風俗爲先務.

《図治要伝》

(무릇 술이라고 하는 것은 마땅히 마시고 취할 때에, 비록 총명하고 통달한 사람일지라도 신중한 뜻과 염치를 생각하는 덕에 변화가 생기고, 가벼운 뜻과 염치를 잃어버리는 병이 초래된다. 술의 성질이 이와 같을진대 만약에 위에 구실하는 사람이 술을 좋아하기를 그치지 않는다면, 곧 풍조가 흘러넘쳐서 그 습속이 심히 물들어서 나라 사람 모두가 각각 그 병을 안고 있음을 스스로 깨닫지 못한다. 그런 까닭으로 말미암아 경거망동하는 뜻과 염치를 모르는 습속이 일어난 즉 예의범절을 아는 사람 또한 속된 습속에 혹한 바 되어서 백성들을 훼손시킨다. 이것이 바로 경거한 뜻이 된다. 나라의 창고를 범하는 것도 이러한 염치를 잊어버리는 것 때문이다. 대저 이와 같은 즉 풍요롭게 가멸진 나라라고 하더라도 필연적으로 수척하게 된다. 신중한 뜻과 염치를 가진 습속이 일어나게 되면 탐욕의 무리들이 또한 경계되는 바가 되어 백성을 손상시키지 않으니 이것이 바로 신중한 뜻이고 나라의 창고를 범하지 않는 것은 바로 염치를 생각하는 때문이다. 대저 이러한 즉 비록 쇠약하고 수척한 나라라도 반드시 가멸지게 된다. 대저 가멸진 것과 수척한 것은 풍속에서 나오니 그렇기 때문에 나라를 잘 다스리는 자는 반드시 풍속을 바르게 하는 것을 우선적인 임무로 삼아야 한다.)

財慾色慾并喧嘩口論抔の類は罪過基人上下萬民共心中には委細存知の前に候 然共右の不届折々仕出(シダシ)候儀は多分一氣の擧動より

差起り申候、一氣を相進候儀は必定呑酒の故に候、儀レ之風俗正敷方に引直候手段はの呑酒ケ間敷風俗召改候儀第一の勤に候.

≪独物語≫

(財物慾, 色慾 및 싸움이나 말다툼 등은 罪科의 근본이다. 이것은 상하 만민들 공히 모두가 상세하게 이미 알고 있는 바이다. 그러나 술과 色에서 패륜을 저지르는 것은 감각적 욕망을 제어할 수 없는 데서 생겨난다. 이 감각적 욕망을 자극하는 것이 술이다. 그러니 풍속을 바로잡는 근본은 술을 마시지 않는 것이다.)

술을 먹지 않아야 할 이유를 나라의 풍속과 관련지으면서 정확하게 지적하였다. 술이 문제가 되고 술 때문에 사람들 사이뿐만 아니라 나라가 황폐화되는 것을 막아야 한다고 하는 사실을 말한 점에서 서로 같은 결과를 보이고 있다. 같은 표현이라고 하더라도 글쓰기의 방식이 달라지고 내용 전달에서 약간의 압축과 문장 표현이 전혀 다른 점을 볼 수 있다. 그런 점에서 본다면 글쓰기가 전혀 다른 맥락을 형성하는 것도 아니지만 두 가지 글쓰기를 통해서 유구의 학자들이 글쓰기를 한 점이 돋보인다.

채온은 한문으로 자신의 생각을 정확하게 표현하는 일이 주력하였다. 그러나 한문이 유려하거나 문장으로서 명문을 이룩한 것은 아니다. 자신의 생각을 간결하면서도 명료하게 드러내는데 한문을 우세하게 활용한 것을 볼 수 있다. 채온의 한문 글쓰기는 다양성을 지니면서 자신의 시책이나 생각을 드러내는데 힘썼다.

漢文 著作		候文(和文混淆文) 著作	
《図治要伝》	정치적 견해를 저술한 책	《山林真秘》	산림경제를 이룩하고자 하는 책
《要務彙編》	정치적 요목을 정리하여 모은 책	《独物語》	혼자 하는 말처럼 적은 이야기의 핵심
《実学真秘》	실학이라고 하는 학문의 진수 (화재로 소실)	《家内物語》	집안사람에게 전하는 비결을 적은 책
《治家捷径》	집안을 다스리는 지름길을 다룬 책	《自叙伝》	마지막 저술로 자신의 일생을 회고
《居家必覧》	집의 치산에 관련한 내용을 정리한 책	《御教条》	가르침을 핵심적으로 적은 책
《簑翁片言》	은자 사옹과의 문답을 정리한 책	《農務帳》	농업을 핵심적으로 권장하는 책
《醒夢要論》	철학적 원리에 대한 의혹을 해명한 책	《俗習要論》	풍기를 바르게 하는 핵심을 정리한 책
《客問録》	객과의 문답을 정리한 책		
《一言録》	생각날 때마다 임의적으로 정리한 책		
《家言録》	집안의 금과옥조로 여길 수 있는 말씀		
《中山世譜》	유구 역사서, 蔡鐸 鄭秉哲 등과 공저이다		
《球陽》	유구 역사서, 蔡鐸 鄭秉哲 毛紀 등과 공저이다		

저작이라고 하지만 내용은 거의 단상을 정리한 것들이 대부분이다. 학문 자체가 주석학이나 고증학을 표방하지 않고 있기 때문이다. 문인이기보다는 정치적 견해를 내세우는 학자이고 실천가였으므로 겨를이 많지 않아서 단상을 정리한 것이 아닌가 판단된다. 그렇지만 핵심적 견해를 내세우고 이를 통해서 자신의 견해를 대담하게 드러내는 것이 많아서 주목을 요한다.

이상의 저작 가운데 독자적인 생각을 나타내고 특별한 사고를 하는 것들도 존재하는데 대표적으로 유교와 불교, 유교와 양명학적 견해를 합쳐서 각성시키는 특별한 견해가 존재하기도 한다. 가령 이 가운데 가장 중후한 저작이 《図治要伝》, 《実学真秘》, 《簑翁片言》, 《醒夢要論》 등이 적절한 예증이 된다.

그러므로 이 저작들을 중심으로 그의 사상(思想)을 점검할 수 있다. 그런데 이 가운데 가장 긴요하다고 판단되는 《実学真秘》은 화재로 소실되어 없어졌으므로 사상의 골간을 아는데 한계가 있다. 이 저작은 실학의 요체를 정리하여 尙敬王에게 가르침을 주었다고 하는데 아쉬움이 있다.

3. 채온의 사상

蔡溫은 유구가 일본 정부의 주권을 침탈하고 사츠마한의 본격적인 통치가 이루어지던 시기에 유구가 살아가는 진정한 길이 무엇인지 깊이 있게 고민하였다. 일본에서 독립하고 자신들만의 독자적인 길이 무엇인가 부심한 끝에 유구의 독자적 자본 독립과 척박한 자연을 타개하고자 하는 노력을 아끼지 않았다.

그렇게 해서 채온의 위대한 정책과 사상이 새삼스럽게 주목을 받게 되었다. 세상의 풍속을 교정하고 낙후된 유구의 상황을 일깨우고자 하는 노력을 하게 되었다. 그 과정에서 한문과 한문으로 이룩된 과거의 전통을 올곧게 잇고자 하였다. 한문을 통하여 이룩한 세 가지 특별한 갈래들을 주목했는데 주자학, 양명학, 불교학 등이 그것이다.

그뿐만 아니라 실용적인 정책과 농업과 임업을 개척하고자 하는 노력을 경주한 저작이 《山林真秘》, 《農務帳》, 《林政八書》이다. 그렇지만 근본적 이치를 다시 감수하고 근본을 환수하는 저작이 필요했던 것으로 판단된다. 그렇게 하는데 자신들의 나라가 겪는 안팎의 어려운 상황을 감지한 말이 절실하다.

> 夫國者 外旣無畏 內必生憂 外旣有畏 內必無憂.
>
> (대저 나라라고 하는 것은 밖으로 이미 두려워 할 것이 없으면 반드시 안에서 근심이 생기고, 밖으로 이미 두려워할 것이 있으면 반드시 안에는 근심이 없다.)[3]

나라의 안팎이 처한 현실을 명확하게 인식하고 있었으므로 이러한 판단을 하게 되었다. 큰 나라 일본과 어떻게 맞서야 하는가? 안으로 단합하고 외적을 물리쳐야 한다. 외적이 있는데 내적 분열을 겪는다면 반드시 패하게 마련이라고 하는 단일한 노선에 대한 열망이 이러한 말을 하게 했다고 본다. 그에 대한 처세가 분명하고 백성을 분명하게 단합시키고 가멸시켰으므로 나라는 흔들리지 않았다.

근본 이치를 따진 저작으로 다음과 같은 글은 유교와 불교의 대통합을 새롭게 기획하는 놀라운 발언을 담고 있다.

> 一氣未崩之前 混混沌沌 無言可說 强叫大極[由此處論之 則混沌之間 一天且無豈有三十三天耶 逸世且無豈有三世耶] 大極虛空也 一氣崩者 虛空 而起是物者之初也 [此處可以點識] 此氣旣起而後循序陰陽分天地 闢人物生 是一氣妙用之所致謂造化者是也 [由此論之 則陰陽之間 除一

3) 崎浜秀明 編, 〈図治要伝〉, 《蔡温全集》(東京 : 本邦書籍, 1984), 136면.

天外另無片天 除一世外另無片世 是造化必然之實理也 所謂三世 所謂三十三天者本非實理 乃釋氏之所以假談幽冥權戒衆生之方便也 豈可爲方便所縛而墜乎迷惑叫內也哉　但有心志者　考古省今豁然達其所然則虛實判然而不疑焉] 人物大小各得其形而千品萬般不相同者　乃造化變易之妙機 而非言說所及焉[4)]

[하나의 기가 아직 붕괴하기 전 혼혼돈돈함을 무엇이라고 말할 수 없어서 억지로 일러서 태극이라고 일컫는다. (이에 대한 근거를 말미암아 논하건대 하나의 하늘은 또한 어찌 삼십삼천이 있다고 할 수 없으며 빼어난 세계가 어찌 삼세가 있다고 할 수 없겠는가?) 태극은 허공이고, 하나의 기가 붕괴되는 것이 허공이다. 이 물건이 일어나는 것의 시초이다. (이 근거는 점차로 알게 된다.) 이 기운이 이미 흥기하고 뒤에 순서대로 음양이 나뉘고 천지가 열리고 인물이 생겨난다. 이것이 하나의 기가 신묘하게 작동하는 소치이니 이것이 조화라고 하는 것이다. (이로 말미암아 논하건대 하나의 하늘을 제외하고는 조각난 하늘이 없으며, 하나의 세간을 제외하고는 달리 조각난 세간이 없으니 이것이 조화의 필연적인 참다운 이치이다. 이른 바 삼세와 이른 바 삼십삼천은 본래 참다운 이치가 아니다. 이에 석가가 가명과 그윽한 지옥의 이름으로 임시적인 권도로 중생을 경계한 방편을 삼은 이유이다. 어찌 방편에 얽매인바 되어 안으로 부르짖는 미혹에 떨어진 것인가! 다만 심지가 있는 사람은 옛일을 고찰하고 현재를 성찰하여 그러한 까닭에 활연대오 통달하여 허와 실을 판별하여 의심하지 말아야 한다.) 인물의 대소 각기 그 형체를 얻어서 천품만반이 서로 같지 않으니 이에 조화와 변역의 신묘한 기틀은 언설로 미칠 바가 아니다.]

일기, 음양, 태극, 허공, 삼십삼천, 삼세 등의 기본 이치를 서로 하나로 합치려는 노력이 전에 없던 방식으로 이루어진 것을 볼 수 있다.

---

4) 《醒夢要論》, 解惑篇(乾隆19年, 1754年).

채온의 생각이 앞서 나간 것은 이러한 특징 때문이다. 사상의 융합이 얼마나 긍정적 의의가 있는 것인지 회의가 있지만 이러한 노력을 통해서 새로운 사상의 전개라는 점에서 전에 없는 시도를 하였다.

사상을 구성하는데 있어서 철학의 이치를 근본으로 하는 점에서 공간과 시간의 구성을 새롭게 시도하고 전에 없는 것을 버리지 않고 새로운 것을 위해서 나아가고자 하는 점에서 각별한 의의를 지니고 있다고 생각한다. 그런 점에서 사상의 융합은 긍정적인 의미를 지니고 있다. 불교와 유교가 서로 어색하게 동거하지 않고 유교의 개념으로 불교를 아우르려는 특정한 사고방식을 전개했다고 이해된다.

그러나 임시의 융합이 긍정적이라고 보기 어렵다고 판단된다. 실제 이치를 구성하는 것은 더 연구를 해야 하겠지만 기본적 사고의 융합 다음에 위계적 구성이 가능하며 세부적인 구성과 의의가 무엇인지 알기 어렵다. 우리가 다루고자 하는 《사옹편언》에서는 그러한 면모가 십분 발휘되지만 기본적으로 그러한 근본 이치에 대한 것은 아니라고 판단된다. 그러므로 융합의 기초가 마련되었을 따름이다.

4. 《사옹편언》의 저술과 사상

27세에 중국 복주 유구관에서 채온은 능운사의 주지 소개로 능운사에서 은자를 만났다. 은자는 자신의 이름도 가문도 학문적 내력도 전혀 말하지 않았다. 다만 있는 현재로서의 의의만을 말하였다. 자신이 호광지역 출신이라는 것만 말하였는데 채온이 이에 더 이외의 것을 요구하자, 이를 부정하고 호광지역 출신을 말한 것만도 큰 것임을 말하였다. 자신의 은자적 면모를 잃지 않았다.

은자와 채온의 대화가 계속되면서 감화를 받지만 《論語》 學而편의 한 구절을 해석하다가 은자의 질문에 한 마디도 답변도 하지 못한 순간을 체험한다. "子曰 道千乘之國 敬事而信 節用而愛人 使民以時"(孔子께서 말씀하셨다. "千乘의 나라를 다스리되 일을 공경하고 믿게 하며, 쓰기를 절도 있게 하고 백성을 사랑하며, 백성을 부리기를 때에 하여야 한다.")의 구절을 읽게 하고 번역하게 했는데 은자가 敬事, 事를 敬한다는 것이 어떠한 것인가 하고는 물었을 때에 연문생해자의 번역, 축자적 해석을 한 채온에 문자의 껍질만을 핥지 말고 진정한 경사의 방도와 실체를 물었을 때에 채온은 말문이 막혔으며 패배하였다고 자서전에서 말을 하였다.

채온이 자서전에서는 "지금까지 자신의 학문은 껍데기를 핥은 것이었다. 은자의 가르침으로 비로소 꿈에서 깨어난 것이다"[5]라고 자기 자신의 각성에 대하여 서술하였다. 이 감격은 일생 잊지 않았던 것이다. 그는 73세에 〈醒夢要論〉을 저술한다. 이 감격이 73세의 노령까지 간직하고 있다가 그 철학을 저술한 것이다. 이 책은 그러한 자신의 각성과 미망에서 벗어나는 순간을 감격적으로 서술하고 있다. 이 은자는 양명학자이고 지행합일을 내세우는 학자라고 할 수 있다. 그 감격을 이론적인 저작으로는 《實學眞秘》라고 하였으며 그 책은 깊은 애착을 가진 것이지만 안타깝게도 화재로 소실되었다.

채온은 이 은자를 스승으로 모시고 5개월여에 걸쳐서 열심히 성스러운 가르침을 받은 것으로 일생을 서술한 저작에서 기록하고 있다.

---

5) 《自敍傳》 "存居候處先生之御一言に而糟粕正味取分け(區別)始而承レ之夢之如レ醒罷成候儀畢竟先生之御蔭故に縱令先生より"라고 되어 있다.

그렇게 해서 인간의 실리와 실용의 근본 이치, 유형과 무형의 은밀한 가르침을 핵심적으로 전수받았다. 그렇게 해서 심심풀이의 학문, 문자의 벌레를 먹는 학문의 가르침에서 벗어나게 되었다. 이 가르침을 통해서 유학과 유학의 이단 학문적 견지까지 구분하는 방법 역시 터득하였던 것으로 추정된다. 이렇게 얻은 비결을 정리하여 《실학진비》로 서술하여 이 책을 상경왕에게 바치고 친히 채온에게 와서 가르침을 청할 정도였다고 전한다.

박학다식의 학문, 엄격한 자기완성의 학문과 달리 가난하고 약한 사람을 위해서 하는 학문의 근간이 무엇인지 철저하게 고민하고 반성하는 학문을 하게 되었다. 직관적이고 통찰적인 학문을 하는 것이 필요하고 그것이 구체적인 방도를 얻어서 실천하는 학문으로 나아가야 한다고 하는 생각을 가지게 되었다. 그렇게 해서 실천하는 학문을 이룩하고 진정하게 보여주고자 하는 것이 바로 《사옹편언》이다.

채온의 《사옹편언》은 모두 합쳐서 50편의 단상으로 이루어져 있지만, 동아시아 전통을 계승하면서도 독자적인 각성을 유도하는 벅찬 내용이 담겨 있다. 선비와 승려라고 하는 대표적인 지식인이자 유구의 정신적 지도자를 핵심으로 하고 이들의 유명과 가명으로 이룩한 사고방식을 은자의 무명, 실제의 실천을 내세우는 지행합일의 덕목으로 강조하는 특성이 있다. 실학과 양명학의 학문적 지침으로 선비와 승려를 꾸짖는 대목은 모두 통쾌하기까지 하다. 자신의 시대가 무엇이 문제이고 어떠한 대안으로 살아야 하는가 하는 문제와 직면하여 은자의 사상을 철저하게 계승한 결과였다. 자신의 전통과 각성이 합쳐지면서 새로운 미래의 성찰로 나아가게 되었다.

유구의 중세문화와 채온의 우언작품집 《사옹편언》

1. 天下同文의 傳統과 琉球의 久米村 蔡氏 家門

天下同文은 漢文을 매개로 형성된 중세문명권의 동아시아적 세계관을 일컫는 적절한 용어이다. 이미 선행 연구에서 이에 관한 인식을 기반으로 해서 적절한 연구가 한 차례 진행된 바 있어서 이를 원용하여 천하동문은 한문을 매개로 하는 한문문명권의 전통을 되새기는 용어이다.[1] 漢文과 漢字는 명백히 다르고 문명과 문화는 다르다고 할 수 있다. 한자를 매개로 해서 동아시아의 중세문명권을 일컫는 것은 적절하지 않으며 공동문어를 매개로 하는 문명의 유통 경로를 한정할 수 있다고 생각한다. 글을 매개로 하는 것과 말을 매개로 하는 通文圈과 通語圈은 실질적으로 다른 기능을 했는데 이에 관한 상세한 논의는 琉球의 전통문화를 이해하는데 도움이 된다.

동아시아가 한문을 매개로 해서 문명권을 이룩했음은 주지하는 바이다. 그래서 한문문명권의 제국이라 지칭해도 무방하다. 그런데 한

1) 조동일, 〈대장경 주고 받기〉, 《하나이면서 여럿인 동아시아문학》, 지식산업사, 1999, 193~242면.

문문명권이라는 용어 대신에 한자문화권이라는 말을 쓰는 이들이 간혹 있다. 최근에 송기중교수가 공통문어권(共通文語圈)과 공통문자권(共通文字圈)이라는 말을 사용해서 공통문어는 해체되었으나, 공통문자는 해체되지 않았으므로 漢字文化圈의 의의가 새삼스럽다고 말한 바 있다.[2] 동아시아 전통의 사상을 논하기 위해서는 한자문화권이라는 말로 포용할 수 없는 사정이 개재된다. 한자문화권이라는 말이 한문문명권과 나란한 의미를 갖지 않는다. 한자문화권은 같은 표현 매체이나 각기 假名이나 簡字·繁字 등으로 이미 기호의 변질이 생겼다. 그러니 한자문화권의 의미가 현재적 의의가 있다고 하나, 상당한 변화가 생겼다. 한문문명권이라고 했을 때에는 동일한 문어를 배경으로 정신적 유산을 계승하자는 의미가 있다.

과거 朝鮮과 琉球는 서로 통문의 관계를 맺고 있고 통어의 필요성은 긴하지 않아 별도로 司譯院에서 전문 번역가를 두지 않았다. 그러나 한문을 매개로 해서 지속적인 교류를 해왔던 것으로 이해된다. 琉球에서 낸 책에서 琉球는 "당시의 琉球는 동아시아의 한문문화권(중국, 일본, 琉球, 조선, 월남 등 제국) 가운데서 세계사적 업적을 보여주었다"고 해서 한문문명권의 일원임을 적시하고 있다. 표현상에 차이가 있으나 한문문화권이나 한문문명권은 동일한 의미로 간주할 수 있다. 다만 문화인가 문명인가 하는 어휘 차이가 있다. 문화는 문명보다 하위개념이다. 문화를 정신에 문명을 물질에 배분하자는 견해가 있으나 온전한 의미를 이제 획득하지 못한다. 따라서 이와 같은 관점으로 琉球는 한문문명권의 일원이었을 때에 비로소 진정한 의의

---

2) 송기중, 〈한자문화권〉, 《새국어생활》, 국립국어연구원, 1999, 여름.

가 이룩된다고 말할 수 있으며, 동아시아 전통의 사상사를 논할 때에 한문문명권의 의의가 밝아진다고 하겠다. 그러므로 한문문명권의 의의가 선명하게 밝혀졌다. 琉球에서 이점을 일찍이 자각하고 한문문화권이라고 한 것은 선진적인 의의가 있다.

琉球가 동아시아의 문명권적 중심지 노릇을 하고자 했던 사정은 여러 기록에 전하며 琉球가 동아시아문명권의 일원이고자 한 노력은 곳곳에서 발견된다. 琉球국에서 1458년에 만든 尙王朝의 王宮에 건 〈萬國津梁鐘〉의 銘文에 동아시아문명권적 인식이 뚜렷하게 발견된다. 한문문명에 관한 인식을 공동문어인 한문을 매개로 해서 드러내고 동질성을 강조한 바 있다.[3] 명문 가운데 한 대목을 보이면 다음과 같다.

> 琉球國者南海勝地而
> 鐘三韓之秀以大明爲
> 輔車以日域爲脣齒在
> 此二中間湧出之蓬萊
> 嶋也以舟楫爲萬國之
> 津梁異産至寶充滿十
> 萬刹地靈人滿遠扇和
> 夏人風

琉球국이 南海의 빼어난 勝地이고 三韓의 빼어난 문화적 전통을 뭉쳐 계승했으며, 명나라를 輔車로 삼고, 日本을 脣齒로 삼았다고 했다. 그리고 명나라와 일본의 양 중간에 솟아난 봉래섬이고, 배와 노로서

---

3) 조동일, 금석문, 《문명권의 동질성과 이질성》, 지식산업사, 1999, 169~171면. 〈萬國津梁鐘〉의 존재를 우리나라에 처음 알린 글이고, 동시에 중세 문명권적 의의를 논한 글이다.

萬國의 나루터 노릇을 삼는다고 했다. 게다가 신이한 물산이 있고 지극한 보배가 琉球국 땅에 가득하고 땅이 신령스러워서 사람이 많고, 하인의 풍모에 조화롭게 부채질한다고 했다.[4] 琉球國 首里王府의 국제 이해 관계에 관한 인식이 뚜렷하고 동아시아의 거점 노릇에 대한 자부심이 대단했다. 琉球국이 넘나든 나라가 한 둘이 아니다. 琉球가 해양왕국의 위세를 과시하면서 넘나든 나라는 상상을 초월하는데, 泰國, 安南, 舊港(파렌범)자와, 마랏카, 수마트라, 타이령 바타니 등에 이르기까지 매우 다양한 것으로 되어 있다.[5] 그리고 실제로 琉球측의 연구자들도 琉球가 동아시아문명권의 일원으로 세계적인 기여를 했으며 중국, 조선, 일본, 월남, 琉球 등이 제국의 일원으로 건재했음을 강조하고 있다.[6] 문명권의 선택은 지리적인 것이고 공동문어를 매개로 해서 일군의 문화적 창조가 이루어지는데, 琉球국 역시 이러한 전통 속에서 중세문화를 일구고 독자적인 창조를 거듭했던 것으로 밝혀진다.

이들 문화를 창조하는데 있어서 긴요한 가문이 있으니 이들이 곧 久米村의 채씨가문이다. 이들은 외교문서와 무역거래의 한문 문서를 작성하고 여러 가지 항해 담당을 주도했던 집단이다. 이들의 성격은 薩摩(사츠마)의 집정 이래로 급부상한 집단이다. 한문을 담당하는 집

---

4) 新屋敷辛繁外, 《新講沖縄一千年史 上卷》, 沖縄郷土文化研究會, 1987, 213~216면.

5) 역대 보안에 나오는 무역거래국은 타이국이 146년동안 46항해, 62척이 취항, 安南(지금의 베트남) 舊港(파렌범)쟈와, 마랏카, 수마트라, 佛太泥(타이령 바타니) 등과 남방제국 전반에 걸쳐있다. 眞榮田義見, 《蔡溫-傳記와 思想》, 月刊沖縄社, 1976, 13면. 이하 이 글의 인용은 면수만 밝혀서 번역해서 인용하기로 한다.

6) 上記의 咨文(외교적으로 대등한 입장에서 주고받은 문서)을 적기한 것은 당시 琉球가 동아시아의 한문문화권 (중국, 일본, 琉球, 조선, 월남 등 제국)에서 세계적인 공헌이 있었음을 보여주기 위해서이다. 같은 책, 13면.

단으로 무역과 외교에 있어서 전문적인 기능인 집단이었다가 나중에 정치적인 집단으로 발전하는 우리식으로 말하자면 신흥사대부 집단과 일정한 관계를 가진 인물들이었음을 인식할 수 있다. 이를 유국에서는 士分集團이라고 일컫는데 士分集團은 1690년에 德川幕府의 지배에 의해서 생성된 집단으로 그 이전까지는 사분이 없이 존재하다가 특권 신분 계층이 생겨난 것이다. 그런데 이들 집단도 둘로 나뉘어서 尙貞王 이전의 구귀족인 譜代의 士分과 新參의 士分으로 구분되어 채씨 가문은 신흥선비귀족 집단으로 등극한 것이다.[7)]

蔡溫과 蔡溫의 가문에 관한 간략한 이력을 소개함으로써 앞으로 있을 연구의 밑받침으로 삼고자 한다.[8)] 蔡溫은 명나라에서 도래한 시조

---

7) 신참선비(士)란 어떤지 그 당시 士分제도에 관해 소개하고자 한다. 薩摩蕃침입이전까지 琉球는 사농공상이라고 일본에서 불리는 士分이라는 특별한 상위계급은 없었다. 왕부관리가 되면 관리자체는 오래전부터 위계제가 있었다. 士라는 계급이 있어서 士에서 왕부관리가 될 뿐 아니라, 농민도 관리가 되고, 천하를 취한 왕도 모두 농민출신이었다. 薩摩蕃에 점령되면, 薩摩蕃은 그 점령정책을 서서히 진행하기 위해, 덕천 봉건지배를 정착시킨 신분제를 琉球에도 강요했다. 점령 후 4년째에는 "그 나라 모든 방식이 일본과 다르지 않게 하라"는 지령이 내렸기 때문에 신분제가 마련되었다. 점차 그것이 제도화해서 신분제가 정착된 것은 상정 22년(1690)에 系圖座가 설치되었기 때문이다. 그 때 蔡溫은 열 살이었다. 그의 생장과 직업을 같게 해서 士分계급이 특별한 신분이라는 특권이 생겨났다. 그래도 蔡溫의 청년기까지는, 士分이 된다는 것이 대단한 권력이 있는 계급이 된다는 의미를 알지 못했다. 계도좌가 생기고 나서 왕부를 모시는 사람들에게는 계도가 주어지고, 계도를 받는다는 것은 系를 가진다고 하며, 士分이 된다. 계도가 주어지지 않는 자는 無系라고 불리며 백성이 되어 본보기가 되었다. 백성은 특별한 경우 이외에는 전혀 士分이 될 수 없고, 왕부의 관리가 될 수 없다는 제도가 마련되었다. 그 士分도 譜代의 士와 신참士로 나뉘어, 상정왕 이전의 오랜 시대부터 任官이었던 자는 譜代의 士, 그 이후에 사관이 된 신참士로 불리며, 그 사이에도 차별이 생겼다. 여기에 나오는 소교천은 새로운 사관이었기 때문에 신참으로 불린다. 그렇게 시대는 흘러서 왕부재정이 어려워진 尙育王 때부터는 士족 신분을 돈으로 사는 제도도 생겼다. 眞榮田義見, 《蔡溫-傳記と思想》, 月刊沖繩社, 1976, 21~22면.

蔡祟의 후손이다. 그후 9대에서 후사가 끊겨서 10대에 이르러 蔡溫의 아버지 蔡鐸은 首里의 金城親雲 上家에서 온 양자로 가문을 승계하였다. 蔡溫은 채탁의 아들이므로 蔡溫은 11대에 해당된다. 蔡溫의 어머니가 아들을 낳지 못하자 첩을 자천해서 아들을 낳았다가 뒤늦게 본처의 몸에서 蔡溫이 태어나서 가문을 잇게 되었다. 어렸을 때에 여러 가지 불만으로 말미암아서 공부를 하지 않다가 소년 때에 친구로부터 조롱을 받고 본격적인 공부를 하게 되었다. 그것이 16세 때로 달맞이를 하다가 생긴 일이다. 그 대목을 보면 다음과 같다.

> 그가 16세였던 해 8월 15일 밤의 일이었다. 久米村의 대문 앞에 친구들이 모여 달구경을 했다. 그 날은 매우 쾌청한 밤이라 구름 한 점 없는 밝은 달밤으로, 모두들 여러 가지 놀이를 했다. 그 무리 중에 町瑞의 신참 선비(士)인 小橋川屋와 싸움이 일어났다. 소교천이 말했다. "오늘밤은 明月로 1년에 한번뿐인 달구경하는 밤이다. 우리도 오늘밤 달구경을 하고 있지만, 이 달구경은 선비들(士方 사무라이 이카다)이 모인 달구경이다. 너는 선비도 아닌데 무리하게 참석한 것은 무슨 이유냐, 어서 돌아가라."라고 했다. 그 말다툼 속에서 소교천이 말했다. "선비라는 것은 가문의 경중에 따른 것이 아니다. 서예, 학문을 열심히 해서 '기량'이 있는 자가 선비이다. 학문의 一句, 一行도 암기할 수 있는가? 요즘 공부하고 있는 《大學》, 《中庸》까지도 외우지 못한다는 평판이 있다. 네가 親方部(안사계급에 이은 귀족계급)의 가문 자제이고, 옷도 잘 입었으나, 내실은 농민자제와 다를 바 없지 않은가, 우리는 열심히 공부해서 사장한테서도 칭찬의 말씀을 들었다. 너도 사장에게 칭찬받은 적이 있는가?"라고 하면서 손을 치며 웃었다. 다른 친구들도 손뼉 치며

8) 이하의 대목은 앞서 언급한 글 眞榮田義見, 《蔡溫-傳記と思想》, 月刊沖繩社, 1976, 14~18면을 번역해서 옮기면서 가다듬기로 한다.

웃었다.[9]

蔡溫이 대오각성하는 계기가 되었으며 이를 계기로 해서 蔡溫은 열심히 공부해서 독자적인 학자의 길로 나서게 된다. 여러 가지 유가서적을 섭렵하고 이어서 불가와 심지어 다른 사상서적도 읽은 것으로 나타난다. 특히 양명학과 같은 학문이나 실학에 대해서도 깊이 심취하고 새로운 학문으로 전환하는 계기를 마련하였다.

蔡溫이 28세 때에 중국의 福州 琉球館 근처에 있는 凌雲寺에 머물면서 주지의 소개로 양명학자로 판단되는 은자 선비와의 만남을 갖게 된다. 그로부터 귀중한 깨달음을 얻게 되는데 그것이 일생의 좌우명이 되었다고 해도 과언이 아니다. 핵심적인 사실은 행동을 수반하지 않는 학문은 공리공론이라는 사실이다. 그래서 반드시 知行合一을 이루는 앎과 실천을 일치하는 양명학을 알게 되었다. 蔡溫은 나라를 다스리고 천하를 평온케 하는 유학의 학문적 도달점은 정치라는 행동의 장에서 실현해야 한다고 각오하게 된다. 이러한 사실은 종래 琉球의 유생에게 볼 수 없었던 행동적인 것으로 蔡溫이 중국에 유학한 지 불과 5개월의 단기간 만에 그 스승인 은자에 의해 완성되었다고 볼 수 있다. 그 과정이 눈에 띌 만한 핵심적인 용을 갖추고 있으므로 《사옹편언》의 성립과 이해에 도움이 되므로 인용한다.

채온이 개인의 인격완성이라는 유교의 비근한 가르침에서 출발하여

9) 독특한 자기의 고백을 하게 되는데 그 고백의 자서전은 독특한 문체로 이루어져 있다. 그 자서전의 문체는 당시 왕부통용인 가나와 한어의 혼용인데 특히 한자가 많이 사용되는 候文體이다. 그 문체로 비교적 자세하게 자신의 생애 경력을 서술한다. 같은 책, 20면.

만인을 구한다는 정치에 목적을 둔 것은, 실로 이 은자와의 만남에 의해 비로소 생겨난 것이다. 정치에 목적을 둔 것으로 채온시대가 만들어 질 수 있었다.

능운사에서 채온에게 가르침을 준 은자의 이름은 알려지지 않았다. 그의 자서전에 따르면, 채온은 은자의 학덕에 깊이 감동받은 듯하다. 은자가 國許에게 노모가 있으니 빨리 돌아가야 한다고 했을 때, 채온은 나중에 잠시라도 머물러서 가르쳐달라고 간청했다.

드디어 돌아가는 날에 "지금까지의 가르침을 감사하게 생각합니다. 이별에 즈음하여 성명을 말씀해 주시면, 매월 1일과 15일, 高所에 존함을 써 예배하여 삼가 모시고 싶으니, 부디 성함을 밝혀 주십시오."라고 애원했으나, 은자는 크게 웃으며, "나는 湖廣사람이다. 그것만으로도 크게 알려준 것이다."라고 마침내 이름을 밝히지 않았다.

그 때 능운사의 장로는 거기에 머무르던 남자에게 "보통사람이 아니다"라고 직감으로 알았다. 채온을 청해서 그는 그 인품을 탐색하러 갔던 것이나 처음에는 유구라는 나라가 어떤 곳인가라는 지리적 역사적 이야기로 끝을 맺었다. 두 번째 날에는 한걸음 더 나아가 유구의 유학 상황 등을 묻는 정도여서 서로가 마음의 벽을 허물어갔다. 이 은자는 자신의 콧대를 높여서 상대를 제압하려는 경솔한 짓은 전혀 하지 않은 듯하다. 그것만으로도 인간의 깊이를 알 수 있다. 이 인간의 깊이를 모르고 채온은, "보통사람이지, 유구관에 지도를 하러 온 사장 정도의 사람이다. 그러니 내일부터는 가지 않겠다고 했던 것이다." 청년 채온은 아직 인간적으로 미숙해서 사람을 보는 안목이 없었던 것이다. 과연 능운사의 장로는 오랜 수행으로 이 은자가 보통사람이 아니라는 판단에서 채온에게 "내일도 반드시 가서 함께 만나보자."고 했다. 이렇게 해서 세 번째 날에 다시 장로와 함께 둘이서 서원으로 갔다.

세 번째 날에, 은자가 말하기를, "이 절은 동쪽에 石鼓山이 있다. 남쪽에는 虎頭山이 있다. 서쪽에는 旗山이 있고 북쪽에는 蓮華山이 있다.

참으로 절경인 곳이다. 이 경치를 제목으로 하여 문장을 한편 만들어 보시오."라고 했다. 채온은 크게 웃으며 당장 지어 보이자, 그는 이 문장을 읽고 즉시 벽에 붙여서 며칠 읽는 것으로 조석의 기쁨이 많아졌다며 기뻐했다.

채온은 자신과 같이 미숙한 사람의 문장을 이렇게 칭찬하고 아침저녁의 즐거움으로 삼는다는 것은, 저 사람은 문장실력이 형편없기 때문일 거라고 생각했다. 그날 저녁 돌아오는 길에 장로가 문밖까지 전송하고는 "내일도 또 와주지 않겠나?"라고 반복해서 청했다. 그래서 채온은 생각했다. '장로는 학덕 있는 성실한 사람이다. 그 사람이 이렇게 칭찬하는 것은 젊은 자기로서는 이해되지 않는다. 장점이 있는 것이겠지. 그렇지 않다면 내게 이렇게까지 권하지 않을 것이다.'라고 생각했다.

그래서 그 다음날도 능운사로 가서 장로와 동행하여 서원으로 은자를 찾아갔다. 그날 은자가 말했다. "당신이 28세라고 했는데, 이 나이라면 학문을 충분히 했을 것이다. 그런데 28세인 지금까지 학문이라는 것도 공부조차 하지 않은 것 같다. 책에 관해서도 전혀 이해하지 못한다. 헛되이 꾸물거리고 허송세월 하는 것은 참으로 안타까운 노릇이다."라고 했다.

이 말을 듣고 채온은 무척 놀랐다. 28세인 지금까지 자신은 학문이란 것은 모두 해왔다. 책이란 책은 몽땅 읽었다. 유구에서는 학자로서 최고의 위치인 읽기사장, 강담사장도 되었다. 이런 자신에게 학문도 하지 않았다니, 책도 읽지 않았다고 하니 그는 아연실색한다.

28세 때에는 공부에 전념하던 시기이다. 그런데 그날까지 학문도 공부도 하지 않았다고 능운사에 기숙하는 은자에게 들은 채온은 '비둘기가 새총에 맞은 듯이' 놀랐다. 읽어야 할 경서는 대부분 읽었고, 유구학자의 지위에서 보면 읽기사장, 강담사장이 될 정도인데 참으로 납득이 가지 않아서 채온은 반문했다.

"지금 당신의 말을 듣고 놀랐다. 그리고 심히 의심스런 마음이 생긴다. 나는 성현의 가르침을 적은 경서도, 모든 학자의 여러 가지 설을 쓴 책도 거의 다 읽었다. 그리고 어제는 선생 앞에서, 이 절의 경치를 적은 글까지 보고 크게 칭찬을 했었다. 그런데 무슨 이유로 학문의 강담도 듣지 않고 책도 읽지 않았다고 하는 가 참으로 납득할 수 없다."라고 흥분하여 물었다.

이에 대해 은자는 웃으면서 말했다. "당신이 학문을 아무리 잘해도, 무수히 많은 책을 읽어도 그것은 학문의 근본을 잊은 처사이다. 만일 학문의 근본을 잊고 공부한다면 그것은 기술자와 같아서 문장 짓는 기술자, 책 읽는 기술자이다. 문자는 알아도 문장은 읽을 수 있어도 그것은 책 읽는 기술자일 뿐이다. 진정한 학문이란 것은 머나먼 것이다."라고 답변했다. 다행히 당신은 이제 28세인 젊은 나이, 충분히 학문에 전념할 수 있다. 만일 지금까지의 학문방법을 버리고, 학문의 근본이 무엇인지를 알아서 열심히 공부한다면 당신 자신의 커다란 인격완성이 이루어질 뿐 아니라, 主君이나 유구국을 위한 일이 되는 것은 〈案中에 候〉(원문), 유구국을 위한 일임을 예상할 수 있다고 덧붙여 말했다.

그리고는 학문의 근본이란 어떤 것인가를 다음과 같이 말했다. "사서육경이란 성현의 가르침을 직접 쓴 책을 읽는 것도, 그 이외의 현자가 적은 그 주해서를 읽는 것도 모두 자신의 알음알이를 자랑하기 위한 것이 아니다. 이것도 읽었다. 저것도 읽었다. 그리고 이런 문장도 지을 수 있다고 항상 자만심에 빠져 공부한다면 자신만을 위한 공부일 뿐 진정한 공부는 아니다. 진정한 공부는 그 학문에서 개인의 인격완성을 목표로 하는데 있다. 다른 이에게 자랑하기 위해 공부하는 것이 아니라 자신의 의지를 확고히 하기 위한 인격완성을 목표로 하는 것이다."라고 했다. 그리고 말을 이어서 자기완성만으로 학문의 목적을 달성했다고 할 수 없다. 그 완성한 자기 모두를 인민을 위해 써야 한다. 이것이야말로 학문을 시작했다고 할 수 있다.

그런데 당신이 내게 와서 한 태도를 보면 이렇게 자기를 완성하고 국가의 유용한 재목이 되는 근본태도를 잊고 심심풀이삼아 공부하는 모습을 볼 수 있었다. 그렇다면 아무리 많은 책을 읽고 명문을 지어도 결국 자기 자신의 완성을 잊고 국가를 잊는 것이다. 기술자보다도 열등하다. 이 점을 명심해서 학문에 대한 태도를 돌이키라고 순순히 타일렀다고 한다. 채온은 여기에 종래의 심심풀이 학문에서 국가인문을 구하기 위해 어떻게 하면 좋은 지를 묻고, 학문태도의 커다란 방향전환을 삼았다. 그리고 국가를 위한 학문이란 어떤 것인가, 위안거리 학문과는 어떻게 다른가하는 생각을 시작했다. 그렇게 하기 위해서는 정치 즉 교화라는 그의 정치의 방향전환이 생겨난 것이다.

결국 여기에 지적해두고 싶은 것은, 이 은자가 말하는 "심심풀이를 위한 학문"은 기술자와 마찬가지라는 말이다.[10)]

蔡溫은 29세에 琉球로 돌아와 다음 해 세자 尙敬의 스승이 되었다. 부왕이 죽었는데 敬은 14세 때부터 즉위함과 동시에 32세인 蔡溫이 國師로 임명되었다. 蔡溫이 국사로 임명된 것은 아주 이례적인 일로 蔡溫의 독자적인 위치를 알려주는 증거로 된다. 그 전에도 그 후에도 국사직은 없었던 것으로 판단된다. 겨우 32세로 국사직에 임명될 수 있었던 것은 지행합일의 실천력과 강력한 지도력을 갖춘 蔡溫을 왕과 백성이 인정했기 때문이다

蔡溫의 나이 34세에 그는 帝王學으로서의 〈要務彙編〉을 편찬했다. 그 해에는 赤平村에 있는 그의 사저를 敬王이 방문하였으며 蔡溫은 손수 차를 달여 왕에게 바쳤다. 蔡溫을 방문하는 일은 그 후에도 방문은 계속 이어졌다. 사제간에 서로 신뢰하고 실리를 추구하는 제왕학

10) 眞榮田義見, 《蔡溫-傳記と思想》, 月刊沖繩社, 1976, 43~45면.

이 기획되어 여기에서 현명한 경왕이 탄생되었다. 明君賢臣이 서로 만난 尙敬과 蔡溫의 시대를 열어갔다. 전하는 바에 따르면 상경왕은 유년시절에는 머리도 보통사람 이하인데다가 어른이라 생각할 수 없을 정도로 장난이 심해서, 尙貞과 尙益은 이 아이의 교육은 보통방법으로는 도저히 안 되겠다 싶어서 蔡溫을 선생으로 선발했다고 한다. 그 결과 蔡溫을 국사로 선택한 것은 한 치의 실수도 없었다고 한다.

경왕 즉위식전에 참석한 冊封使는 전례 없이 많은 6백 10여명이었다. 수행원들은 지참한 貨物을 팔아서 이익을 챙겨볼 목적으로 목숨을 걸고 琉球에 왔다. 그 貨物 평가총액 2千貫文에 대해서 琉球측은 5백관문밖에 준비되지 않아서 쌍방의 거래 과정에서 큰 분쟁이 생겼다. 琉球의 大臣 고관은 성 밖의 금강산사에 숨고 久米村 唐人 접대 사람들도 항복하게 되었다. 마침내 38세인 蔡溫이 이 일을 능숙하게 처리해냈다. 이 사건은 琉球왕부 유일의 인물로서 그를 돋보이게 하였으며 자타가 이를 공인하게 되는 계기가 되었다.

45세 때 蔡溫은 국왕으로부터, 家來赤頭의 경호士에 이르기까지 305명이 성을 비운 北部시찰 대행렬이 이루어졌다. 당시 불편한 교통상황에서의 設營과 취사가 그의 책임으로 정연하게 행해지고, 여기서도 그는 관리의 재능을 충분히 발휘하게 되는 계기가 되었다.

47세에는 蔡溫이 三司官에 임명되었다. 이에 앞서 女官휴식소인 大美御殿과 최고 女神官인 聞得大君御前의 大親職(집사장)에 임명되었다. 御內原인 女官들의 聲望이 그를 여관 어전 최고책임자로서 기꺼이 맞이했던 것으로 보인다. 이 일은 경왕의 왕녀 思鶴이 蔡溫의 장남인 翼과 결혼하기로 이미 결정된 사실을 반증해주는 증거로 나타난다. 蔡家는 久米村 출신자로서는 이례적인 출세를 했다고 판단된다.

53세 정월에 장남 익과 왕녀 사학의 결혼식이 거행되었다. 이 경사스런 해에 琉球역사상 大疑嶽이라 하는 일본문학자 15인이 처형되었다. 경사에는 은사를 베푸는 것이 관례이다. 무엇 때문에 현명한 蔡溫이 이 해를 택해서 참혹한 처형을 했던 것일까? 이러한 일은 수수께끼와 같은 일이라고 판단된다.

蔡溫이 삼사관이 되고 난 이후 놀랄만한 일이 있었다. 불문률에 의한 행정이 자칫 자의적으로 흐를 위험성이 있는 폐단을 고치기 위해 각종 성문법이 만들어졌기 때문이다. 세입을 추측하여 세출을 정하는 재정의 예산화도 추진했다.

54세에는 곡창지대인 羽地大川의 大改修와 경지정리가 행해졌다. 55세 가을부터 이듬해 봄에 걸쳐서, 다시 64세 가을에서 다음해 봄에 이르는 北部산악지대의 산림시찰에는, 노구를 이끌고 산림 육성 지도를 직접 하였다. 이 일에, 후세 林政八書라고 불리는 기본적인 임업정책이 마련되었다. 그 가운데 六書까지는 蔡溫 산림 행정의 결실이었다. 이것과 병행하여 元文 檢地라고 불리는 大檢地 대경지정리사업이 56세에 착수되어, 70세에 완료되었다. 이 검지에서 경지가 薩摩蕃편입 후인 경장검지의 2.5배로 부풀어 오른 것을 알 수 있다. 그리고 間切界, 村界, 原界가 분명해서 경계분쟁이 없어졌다. 할당경작지의 영구경작권을 농민에게 주고, 애정이 담긴 肥培관리에서의 증산과 농민생활의 안정이 이 검지를 계획한 그의 의도였다. 그의 후임으로 훌륭한 정치가가 나와서 이것을 계승하는 일을 하지 않았기 때문에 그의 의도와는 반대로 농민을 토지에 묶어놓는 연대보세제도가 만들어져서 농민이 오히려 농노적 존재가 되었다. 그리고 先島지방에서는 出先官憲에 의한 마을 분할이라는 비극의 원인도 생겼다.

소년 시절의 태반에 걸쳐서 공부를 게을리 한 복잡한 性情은 영리한 소년다운 계산이 있었던 것이라고 생각한다. 蔡溫은 서자인 장남과의 사이에서 다음과 같이 생각했음에 틀림없다. 자신은 순위 상에서는 차남이지만, 사회관행상으로는 자신이 가문을 이어가야 한다. 그러나 현명한 모친은 그 현명함으로 인해 관행을 무시하고 庶兄에게 가문을 이어가게 했다. 여기서 그는 욕구불만으로 인한 태만과 공부를 게을리 함으로써 저항감을 나타냈다. 그러나 그의 소년기에는 자신의 행위가 정당하지 않다는 판단을 하고 어머니의 현명한 조치를 긍정하는 총명함이 있었다. 이 총명함은 그가 뛰어난 일생의 일을 완수시키게 했던 것이다. 혹은 왕녀 降嫁도 15인 참수의 대의옥도 이러한 계산의 결실이었을지도 모른다. 蔡溫에게는 권력비판의 저서, 농본과 민본을 주창하는 정치적인 저서 등 14종이 있다.

이 저서에 의해 그의 초인적인 일이 그의 학문 덕분이었음을 안 왕부제공은, 진지하게 왕부학문의 진흥을 꾀했다. 그 계획의 첫걸음으로서 久米의 명륜당에 대항하는 왕부립의 국학을 세웠다. 중국파견유학생은 久米村에서 배출하는 특권이 주어졌다. 이 역시 왕부관계 자제도 내보낼 수 있어야 한다는 주장이 왕부에서도 일어나 久米村의 기득권 옹호의 맹렬한 반대를 무릅쓰고, 그 반대 주모자를 구미도로 유배시키기까지 하고 그 가운데 반수인 네 명(두 명은 예비생)을 제거했다. 이로써 首里의 한학은 진흥되었다. 琉球 藩末인 한학의 진흥은 그 대의명분에 따라 명치정부에 저항하는 애국자들을 낳아 廢藩소동이 되기도 했다.

이렇게 본다면 학문적으로 蔡溫의 위치는 琉球에서 뚜렷하게 자리잡고 있음이 확인된다. 신분적인 독자성에 의거해서 자신의 학문을 이룬 뒤에 나중에 이것을 실제로 활용하는데 결정적인 성과를 보인 학자이다. 그런데 蔡溫의 저작 가운데 이러한 학문의 지침이 될 수 있는 저작이 곧 〈簑翁片言〉이다. 〈簑翁片言〉은 동아시아문명권의 寓言의 전통에서도 긴요한 저작이 될 뿐만 아니라, 사상적 전환을 감지하고 이를 사상적으로 시도한 저작이라는 점에서도 소중한 저작이 아닐 수 없다.

2. 〈簑翁片言〉의 寓言文學的 性格과 思想的 意義

〈簑翁片言〉은 寓言문학과 깊은 관련이 없는 것처럼 보이지만 사실과 다르다. 편언이므로 온전한 말이 아니나 에둘러 말하고자 하는 속뜻이 있고 조각 말이 아니라 생각의 핵심을 찌르는 공격적 언술이기도 하니 이를 寓言이라고 한다면 글 전체가 寓言의 속성을 모두 지니고 있다고 해도 잘못이 아니다. 〈簑翁片言〉에는 모두 47개의 편언이 있다. 주된 내용은 사옹이 중심인물로 등장하고 상대역으로 설정된 쪽이 선비, 승려, 관리 등으로 다양하게 나타난다. 사옹은 은거로 설정되어 있어서 이들과 교유하기도 하고 꾸짖기도 하고 비판하기도 한다. 선비는 이른 바 士分 계층을 대표하며 유학적인 관점을 표방하고 자신들만의 이념을 강조하는 무리로 나타난다. 이와 다르게 승려들은 유구의 불교적 전통에 입각해서 기득권 세력을 가진 자들로 등장한다. 관리들은 자신의 기득권을 강조하는 특권층으로 설정된다. 이들과의 짧은 사건 설정을 통해서 핵심적인 대립과 세계관적 충돌을 다루고 있다. 사옹은 전통적인 유학과 양명학적 사고 및 불교적 세계관을 깊이 있게 통찰하고 이를 구체적으로 혼융할 수 있는 존재로 설정된다.

한문의 問對 전통이나 問答의 전통을 이어받으면서도 동아시아 재래의 寓言을 이어서 깊은 고민의 흔적과 사상적 혁신을 꾀하고자 힘썼다. 사상의 혁신 수단으로 우언 교술이 매개적 작용을 했다. 채온이 고민한 것은 무엇인가 사상사의 전반적인 통찰을 가지고 이해해야 한다. 사옹의 성격은 은자이면서도 편벽된 사유로 드러내놓고 사는 인물과 전혀 다른 사고의 신축성과 현실성을 그대로 간직하고 있다고 보아도 되겠다. 숨어 있으므로 아직 완성되지 않는 면모가 있으나 이면적으로 새로운 사상의 가능성을 암시하는 속뜻이 숨어 있다고 하겠다. 편벽되지 않는 원융무애한 사고의 발랄성을 드러내고 있다고 해도 된다. 사옹은 사상의 구분으로 이름 지을 수 없는 독자성을 가지고 있다.

동아시아 사상가 가운데 18세기를 여는 사상가가 상이한 나라에서 동시적으로 등장했다. 중국에서는 王夫之와 戴震이 나타났고, 한국에서는 任聖周, 洪大容, 朴趾源 등이 나타났고, 일본에서는 安藤昌益이 나타났고, 월남에서는 黎貴惇이 나타났고, 琉球에서는 蔡溫이 등장했다.[11] 이들은 당시대의 사상을 개척하기 위해서 별도의 문화적 처지에서 동일한 사상을 한문으로 나타냈다는 공통점을 지닌 인물들

11) 조동일, 《철학사와 문학사 둘인가 하나인가》, 지식산업사, 396~418면. 蔡溫과 安藤昌益, 洪大容과 朴趾源 등의 사례가 이행기 사상가로 어떠한 공통점과 차이점이 있는가 상세하게 다룬 바 있다. 앞으로 논의는 이 연구 성과를 받아들여 서술하는 것으로 진행하고자 한다.

이다. 이들 사상의 공통점은 현실적이고 경험적인 세계관에 근거해서 총체적인 사고를 전개한 점이다. 그것을 무엇이라고 해야 할 것인가 확실하지 않으나 대체로 氣一元論이라고 부를 필요가 있다.

그런데 구체적인 문면을 검토해보면, 琉球의 蔡溫은 여러 가지 사상이 복합되어 있는 특징이 발견된다. 氣一元論의 관점이 우세하지만, 유교와 불교를 근원적으로 통합하고자 하는 관점이 개재되어 있기도 하고, 양명학적 관념이나 도가적 관점이 우세하게 나타나기도 한다. 그래서 어느 하나로 蔡溫의 사상을 고정시키기 어렵고, 복잡한 사상적 다면체가 서로 부조화를 일으키지 않고 나타난 점이 특이할 따름이다. 심지어는 理氣二元論의 관점이 표방되어 있기도 하다. 琉球의 蔡溫은 특이한 사상가임이 확실하다.

琉球의 사상가 蔡溫은 아주 독창적인 사상을 펼쳤는데, 그 사상이 결집되어 나타난 저작이 곧 〈簑翁片言〉이다. 〈簑翁片言〉은 '도롱이를 쓴 노인이 남긴 조각말'이라는 뜻이다. 주된 내용은 도롱이를 쓴 노인이 문답법을 전개하거나 어떠한 사건을 계기로 해서 생각을 전개하는 것이 주된 내용이다. 모두 47편의 단상이 제시되어 있는데, 주요 등장인물은 선비, 승려, 벼슬아치 등이 대화의 상대자로 등장하며, 사옹이 답변하는 형식으로 되어 있다

蔡溫은 琉球의 독창적인 유학자로 숭상된다. 琉球의 성균관에서 유학의 대가로 배향될 뿐만 아니라, 蔡溫은 사상가나 정치가로서도 높이 평가된다. 琉球의 일생과 저작을 온전히 검토해서 蔡溫 연구를 본격적으로 진행할 필요가 있다. 그렇게 하는데 본고에서는 蔡溫의 사상을 성글게 검토하고 〈사상편언〉의 사상사적 위치를 검토하고자 한다.

〈簑翁片言〉에서 특별하게 주목되는 것은 언어의 문제, 형벌의 문

제, 유교와 불교의 사상적 문제 등이다. 〈簑翁片言〉에서는 갖가지 문제를 제기하고 다루어서 명확한 결론을 내리지만, 여기서는 그 가운데서 문학과 관련된 세 가지를 대강 살펴보고 〈簑翁片言〉의 글쓰기가 갖는 사상적 근거를 따져보기로 한다.

(가) 二士一僧 俱訪簑翁 見茅廬前有梅一株 花盛如雪 二士曰美哉美哉 翁曰眞美何在 一士曰在花 一士曰在眼 僧曰在心 翁向三人曰 士也近拙 僧也近巧 皆非眞美 僧曰敢問 眞美何在 翁曰僞在于已言之後 誠在于未言之前 (200～201면)

두 선비와 한 승려가 함께 사옹을 방문했다. 띠풀 오두막 집앞에 매화나무 한그루가 있는 것을 보았는데, 그 매화꽃이 눈처럼 무성했다. 두 선비가 말하기를, "아름답다, 아름답다"고 했다. 사옹이 말하기를, "진실한 아름다움은 어디에 있는가?"라고 했다. 한 선비가 "꽃에 있다"고 하고, 다른 선비는 "눈에 있다"고 하고, 승려는 "마음에 있다"고 했다. 사옹이 세 사람을 향해서 "선비는 졸렬함에 가깝고, 승려는 공교로움에 가까우니 모두 참된 아름다움은 아니다"라고 했다. 승려가 "감히 묻건데 진실한 아름다움은 어디에 있습니까?"라고 하자 사옹이 "거짓은 말을 한 뒤에 있고, 참됨은 말을 하기 이전에 있다"고 했다.

(나) 獄吏捕得二民 拷究甚嚴 簑翁問曰 二民何罪吏曰 一民燒房屋而盜財 一民掟婦女而行淫 其心極惡 其罪非輕 翁嘆曰 二民是本心明且正矣 惜一旦爲氣所觀而受罪如此 吏問如何 翁曰燒房屋盜財 掠婦女行淫 彼二民者 昭昭知其爲非 昭昭知其爲惡 夫昭昭知之者 此非心明且正而何哉 又自能勉强 所以燒房盜財 掠婦女行淫者 此非爲氣所觀而何哉 (199～200면)

옥리가 백성들을 잡아서 혹독하게 고문을 하자, 사옹이 묻기를 “두 백성은 무슨 죄로 그렇게 됐는가?”라고 물었다. 옥리가 말하기를, “한 사람은 집에 불을 놓고 재물을 훔쳤고, 다른 한사람은 부녀자를 택해서 음탕한 짓을 했습니다. 그 마음은 극히 악하지 그 죄가 가볍지 않습니다.”라고 했다. 사옹이 탄식하며 말하기를, “그 두 사람은 본심이 맑고 또한 바릅니다. 애석하게 하루아침에 기에 의해 본 바가 되어서 이와 같이 죄를 지었습니다.”라고 했다. 옥리가 묻기를 “어찌해서 그와 같습니까?”라고 했다. 사옹이 “집에 불을 내고 재물을 훔치는 것이나 부녀자를 약탈해서 음행을 한 것을 저 두 백성을 소상하게 그 죄가 잘못되었음을 알고, 소상하게 그것이 악하다는 것을 아는 것입니다. 대저 죄를 소상하게 아는 것은 마음이 밝고 또한 바른 것이 아니고 무엇인가? 또한 스스로 능히 강한 것에 힘써서 집에 불을 놓고 재물을 훔친 것이나 부녀자를 강탈해서 음행을 저지른 것이 이 때문이니 이것은 기에 의한 바가 아니고 무엇이겠는가?”라고 했다.

(다) 一士二僧 同尋簑翁 翁烹茶穀待 士人曰或謂佛書內典 儒書外典 斯然也否 翁默然不應 一僧曰佛舍名相 專務人性 故曰內典 儒執名相 專學此則 故曰外典 翁又默然不言 一僧曰 名相卽事物也 理在心而不在事物 夫事物之則 乃此理妙應之影因事物而受其名者也 譬如月在天而影移于水上矣 夫影者忽然變遷全無實體 故謂之空 儒家執着名相 專搜其影 而此心此身 縛於儒典 猶受桎梏之苦 豈不謬哉 若吾釋之學則不然 吾釋之學在于圓悟此心 悟心旣圓 命根旣斷 恍如明月在天 而無半點雲氣 無物不照 無事不燭 何必區區爲搜影學則之勞哉 翁嘆曰 僧學釋氏 實亦釋氏之罪人也 釋氏隨處隨時 乃不得已 務爲權巧設施 若處中國說經世法 釋氏卽周公孔子也 豈舍事物之則 而不顧焉哉 夫天地萬物間 唯人爲貴者 專學此則之故也 盖理外無教 教必歸理 是故則之爲則 合

而言之 仍歸一理分而言之 何止千萬 是則天下古今之所以共學而不可缺者也 僧之所謂 無物不照 無事不燭者 乃唯稱此心之靈妙耳 所謂事物之則 雖聖賢之人 尙且學之 況凡夫乎 僧試思之 寫字布句 乃文藝之則也 其悟而之耶 亦學而知之耶 衣冠進退 拜佛接賓 乃禮交之則也 其悟而知之耶 亦學而知之耶 于支歲月 舟車器械等類 皆有名相之則 其悟而知之耶 亦學而知之耶 大凡人之處世也 日用事物之則 不可須臾離焉 然而人情之慾 一氣之惑因事而生 或因物而起 天下衆生 往往爲慾惑被敝而 不勝其憂 是故釋氏乃有舍名相等語 此要使衆生禁斷慾惑而已 其實乃權巧之語 其實舍事物而不顧焉哉 若舍事物而不顧焉則居無屋廬 身無衣服 口無烹飪 面目四體 雖似人身 何以得立於世哉 又若語上則此理玄玄處 本無內外 本無根塵 百丈所謂 向脫根塵者 是亦未忘根塵之語 何足貴焉 今世之人 知學釋氏而不知釋氏垂教度衆之本旨 飜任妄想 强逞億見 或評內典外典 或指名以爲桎梏 或說此則如影而在理外 此豈釋氏垂教度衆之本意哉 此豈可謂學釋之人哉 (224～227면)

한 선비와 두 승려가 함께 사옹을 찾아가니, 사옹이 차를 달여 대접했다. 선비가 말하기를, "혹자가 이르기를, 불서는 內典이라 하고 유서는 外典이라 하는데, 이것이 그러합니까? 그렇지 않습니까?"하였다. 사옹은 잠잠히 응답하지 않으니, 한 승려가 말하기를, "불교는 名과 相을 버리고, 오로지 性을 깨닫기에 힘쓰는 까닭에 내전이라 하고, 유교는 명과 상에 집착해서 오로지 이 법칙을 배우고자 하기 때문에 외전이라 한다."고 했다. 사옹이 또한 침묵하며 말하지 않자 한 승려가 말하기를, "명상은 곧 사물이다. 이치는 마음에 있지 사물에 있지 않다. 대저 사물의 법칙은, 곧 이러한 이치가 묘하게 응한 그림자이다. 사물로 인하여 그 이름을 받은 것이다. 비유컨대 달이 하늘에 있어서 그 그림자가 물 위에 옮긴 것과 같다. 무릇 그림자라고 하는 것은 문득 변천해서 온전한 실체가 없는 까닭에 空이라 일컫는다. 유가는 명상에 집착해서 오로지 그 그림자를 찾을 뿐이니 이 마음과 몸이 유가경전에 속박되어 오히려 질곡의 괴로움을 받으니 그것이 어찌 그릇된 것이 아니겠는가! 우리 불가의 학문은 그렇지 않다. 우리의 불교 학문은 이 마음을 원융하게 깨닫는 데 있으니, 깨달은 마음이 이미 원융하고, 명과 근이 이미 끊어지면 황홀하여 마치 밝은 달이 하늘에 있는 것과 같아서 반점의 구름의 기운도 없으니 비추이지 않은 物이 없고, 비추이지 않은 일이 없다. 어찌 반드시 구구하게 그림자를 찾고 법칙을 배우는 수고를 하는가!"라고 말했다.

사옹이 탄식하여 말하되, "스님은 석씨를 배웠으나, 진실로 또한 석씨의 죄인이다. 석가는 장소와 때에 따라 이에 부득이하게 권교의 말씀을 베풀기에 힘썼으니, 만일에 중국에 거처했다면 경세법을 말했을 것이다. 석가는 곧 주공과 공자이다. 어찌 사물의 이치를 버리고 돌아보지 않았겠는가! 무릇 천지만물 가운데 오로지 사람이 귀한 것은 오로지 이 이치를 배우는 까닭이다. 대개 이치밖에 따로 가르침이 없고, 가르침은 반드시 이치에 귀결된다. 이런 까닭으로 법칙이 되는 것이다. 합하여 말하면 하나의 이치로 귀결되고, 나누어 말하면 어찌 천만에 그치겠는가? 이 이치는 천하 고금에 함께 배워서 가히 빠뜨릴 수 없는 까닭인 것이다. 한 스님이 이른바 '비추지 않은 物이 없고 밝히지 않은 일이 없다'고 하는 것은 곧 오로지 이 마음의 영묘함을 일컫는 것일 따름이다. 이른바 사물의 법칙은 비록 성현일지라도 오히려 또한 배우는 것이니 하물며 범부임에랴! 스님은 시험 삼아 이를 생각해보시오. 글자를 베껴서 구절을 퍼뜨리는 것은 곧 문예의 법칙이다. 그것은 깨달아 하는 것인가, 또한 배워서 이를 아는 것인가? 의관을 갖춰 입고 나아가고 물러서며, 부처에게 절하고 손님을 접대하는 것은 곧 예교의 법칙이다. 그것은 깨달아서 아는 것인가, 또한 배워서 아는 것인가? 10간 12지와 세월을 적은 것, 그리고 배, 수레. 기계 등속은 모두 이름과 형체의 법칙이 있는 것이니, 그것은 깨달아서 아는 것인가 또한 배워서 아는 것인가? 무릇 사람의 처세는 일용사물의 법칙을 잠시라도 떠날 수 없다. 그러나 인정의 욕심과 일기의 의혹됨이 혹은 말미암아 생기고 혹은 물건으로 말미암아 생겨나니 천하중생이 왕왕 욕망과 의혹에 가려 그 근심을 이기지 못한다. 이런 까닭에 석가가 곧 명상을 버리라는 등의 말을 한 것이다. 이것은 요컨대 중생으로 하여금 욕망과 의혹을 금하여 끊으라고 한 것일 따름이다. 기실은 곧 임의적으로 공교롭게 한 말이지 어찌 진실로 사물을 버리고서 돌아보지 않으라는 것이겠는가! 만일에 사물을 버리고 돌이켜 보지 않는다면, 거처함에 집이 없는 것이고, 몸에 의복이 없는 것이고, 입에 익힌 음식이 없는 것이어서 면목사체가 비록 사람의 몸과 같으나 어찌 세상에 능히 설 수 있겠는가? 또한 만약에 '上'을 말한다면, 이러한 이치는 깊고 그윽한 곳에 있어서, 본디 내외가 없고 본디 근진이 없는 것이다. 백장 스님이 이른바 '근진을 회향해서 벗어나고자 하는 것 자체가 또한 근진을 아직 잊지 못했다는 말이니, 어찌 족히 귀하겠는가. 今世之人은 석가를 배우려는 것만 알고 석가가 가르침을 내려 중생을 제도하고자 하는 본뜻은 알지 못한다. 도리어 망상에 맡겨서 억견을 굳세게 드러낸다. 그래서 혹은 내전과 외전을 평하고, 혹은 名을 지칭해서 질곡이라고 하고, 혹은 이 이치를 말하여 마치 그림자와 같아 이치 밖에 있다고 하니 이것이 어찌 석가가 가르침을 내려 중생을 제도하고자 하는 본뜻이겠는가? 이것이 어찌 가히 불교를 공부하는 사람이라고 말하겠는가?

다소 인용이 길어졌으나 蔡溫의 사상을 잘 알아차릴 수 있는 세 대목을 가져왔다. 단편적인 글에다 밀도 높은 생각을 담고 있어서 다시금 생각하여야 의문이 풀리는 대목이 적지 않다. 인용문 (가)는 선비와 승려의 말을 되받아치는 사옹의 기지가 번뜩인다. 기지를 발휘하는 것을 이해하기 위해서 선비와 승려가 무슨 말을 했는가 따져볼 필요가 있다. 매화나무가 활짝 핀 것을 두고 두 선비가 아름답다고 하는 데서 대화의 물꼬가 트였다. 사옹이 물었다. 진정한 아름다움이 무엇인가?

한 선비는 꽃에 있다고 했으니 대상이 아름답다는 뜻이다. 아름다움은 대상의 아름다움일 따름이다. 그런데 다른 한 선비는 눈에 아름다움이 있다고 했다. 이 말은 감각적으로 경험하여 아는 그것에다 근거를 두고 하는 말이다. 외물과 접촉해서 보는 눈의 아름다움이다. 대상과 내가 만나는 중간과정에서 감각적으로 아는 것이다. 승려는 마음에 있다고 했다. 순전한 주관적 아름다움을 이렇게 말했다. 아름다움은 대상도 감각도 아니고 주관이라고 한 것이다.

사옹은 두 선비와 승려의 말을 모두 부정하고서 진정한 아름다움이 무엇이냐고 하는 말에 다소 모호한 말을 했다. '거짓은 말한 후에 있고, 참다움은 말하기 이전에 있다'고 했다. 진정한 아름다움은 말로써 표현되었을 때에는 거짓이고, 말로 표현하기 이전에는 참된 것이라고 했다. 사옹의 이 발언은 불교적인 것이면서 불교적인 언어관이기도 하다. 불교적이라는 뜻은 말은 진여를 나타낼 수 없다는 것이다. 그러면서도 말에 의해서 진여를 나타낸다는 것이다. 그것이 곧 불교에서 말하는 假名이다. 그런데 사옹은 그러한 역설을 택하지 않고 말과 말의 틈새에 있는 중간을 택해서 선비와 승려의 말을 모두 부정했다. 그것은 아무 것에도 물들지 않은 생각과 언어에의 추구이다. 그것이 곧 양명학에서 말하는 良知이다. 따라서 사옹의 언어는 양명학에서 말하는 良知的 언어관이다.

유학과 불학을 대표하는 선비와 승려를 등장시키면서 내외에 대한 논쟁을 이어가고 있는 것이 (가)의 핵심 요지이다. 가령 유학의 내부 갈등 이론 가운데 내외를 강조하는 양명학과 주자학을 서로 대립시켰다. 꽃의 아름다움이 눈에 있다고 하는 내적 근거를 강조하는 쪽과 이와 달리 꽃은 대상 자체에 있다고 하는 쪽은 양명학과 주자학의 관점을 대변한다. 이와 달리 승려는 마음이 아름답다고 하였으므로 불학에서는 주관적 관념론을 강조하는 것으로 보인다. 언어의 참다움은 말하지 않는 것에 있음을 강조하는 논리이다. 주관적 관념론과 객관적 관념론의 양상을 이렇게 드러내면서 해석하였다.

(나)에서 벌이는 주장은 더욱 파격적이다. 죄를 지은 두 백성을 화두삼아 심각해 보이지 않는 문제를 다소 심각하게 전개했다. 두 사람의 범죄자가 있다. 하나는 집에 불을 내고 재물을 훔친 자이고, 다른 하나는 부녀자를 강탈해서 음행을 벌인 자이다. 그런데 사옹은 형리에게 그들의 마음은 맑고 바르다고 하는 다소 엉뚱한 주장을 한다. 왜 그런가 하고 형리가 묻자 새삼스러운 논설을 편다.

논설의 핵심은 사람의 마음은 맑고 바르다는 것이다. 그렇다면 사람의 마음이 맑고 바른 것은 어떻게 증명이 가능한가? 그에 대해서 사옹은 죄인들이 자신의 죄가 잘못되었다는 것을 아는 것이 그에 대한 증거라고 말한다. 그런데 왜 그러한 순선한 마음을 가진 사람들이 도둑질을 하고 음행을 저지르는가? 그것은 사옹에 의하면 인간의 욕망 때문인데, 그것을 '氣所觀'이라는 독특한 용어를 썼다. 인간의 욕망에 의해서 더럽혀졌기 때문에 도둑질을 하고 음행을 저지르는 것이다.

사옹의 논설은 이는 선한데, 기가 악하다고 하는 理氣二元論的 관점과 상당히 흡사하다. 이는 순선하고 기는 선과 악이 함께 존재한다. 그러나 다시 생각해보면 흡사한 면보다는 다른 점이 더 발견된다. 죄를 지은 것을 안다는 것이 소중하고 그것 때문에 선하다는 내용이다. 인간의 욕망에 의해서 죄를 짓는 것이 잘못이다. 인식과 실천이 어긋나서 악이 생긴다는 관점이 아주 독특하다. 그러므로 이기이원론이 아니라 양명학에서 말하는 知行合一의 괴리에서 말미암는다.

(나)의 문면을 뜯어서 보면 세 가지 기존의 개념으로 정리될 수 있는 내용이 섞여 있다. 그것은 사람의 본성이 착하고 깨끗하다는 陽明學的 개념의 良知라는 것, 사람의 마음 바탕이 착한데 그것이 욕망이나 氣에 의해서 침탈되어 악하게 되었다는 것, 사람은 누구나 욕망을 갖고 있다는 氣의 평등성 등이 그것이다. 그래서 陽明學, 理氣二元論, 氣一元論이 혼재되어 있다. 이러한 설명 방식이 모두 가능하다는 것 자체가 蔡溫 사상의 독창성이라 하겠다.

(다)에서는 유교와 불교의 사상을 합치고자 하는 蔡溫의 사상적 고민이 잘 담겨져 있다. 정리된 결과는 유교도 불교도 아닌 사상이 용융점이 존재한다. 선비가 불교는 내전이라 하고, 유교는 외전이라고 하는 연유가 무엇인가 물었는데, 승려가 그 특징을 잘 간파해서 불교는 名相을 버리고 이치를 깨닫고자 하는 것이고, 유교는 名相에 집착해서 事物에 얽매이는 것을 들어서 비판했다. 그래서 불교는 내전이라 하고, 유교는 외전이라고 했다. 사옹은 불교와 유교의 핵심을 잘 꿰뚫었다.

사옹은 불교를 승려의 입장에서 말하게 하여 불교는 이치의 소재가 마음에 있음을 강조했다. 이것은 불교가 주관적 관념론인 것을 파지한 것이다. 이어서 승려로 하여금 객관적 관념론으로서의 유학을 강조하게 했다. 유학은 정도전이 말했듯이 心身人物에 기초하고 있으며, 그래서 事物과 名相을 강조할 수밖에 없다. 蔡溫은 사옹으로 하여금 유교와 불교가 다르지 않다고 말한다. 그러면서 파격적인 주장을 한다. '만약에 (석가가) 중국에서 거처했다면 경세법을 말했을 것이니 석가가 곧 주공이고 공자'라고 했다. 불교이든 유교이든 세상살이의 기본을 일컬은 것에 지나지 않는다고 해서 결국 같은 이치를 말한 것이라고 힘써 주장한다.

유교와 불교는 하나의 이치로 귀결되니 이것을 합해서 말하면 마침내 하나의 이치로 귀결되는 것이고, 나누어서 말하면 어찌 천만으로 그치겠는가라고 해서 무한대의 것이 하나이고, 하나의 이치가 무한대의 것이라는 말이 성립된다. 여기에서 蔡溫의 독자적인 철학적 이치가 등장한다. 그것은 하나가 여럿이고, 여럿이 하나라고 하는 기일원론과 대단히 흡사하다. 결론 부분에 이르러서 내전과 외전, 명상을 거론하는 것 자체가 무의미하다고 하는 것을 일관되게 증명한다. 불교와 유교의 가르침을 함께 배워서 빠트리지 말아야 할 이유가 여기에 있다.

(다)에서 한 말은 18세기의 李鈺, 洪大容, 19세기의 崔漢綺 등이 언급한 것과 대단히 흡사하다. 李鈺이 〈俚諺引〉에서 한 말 가운데 기일원론의 '總而察之'와 '分而言之'라는 논리틀이 사옹의 말과 같고, 홍대용이 〈毉山問答〉에서 말한 공자가 우리나라에서 태어났다면 〈城外春秋〉를 지었다는 말은 석가가 중국에 거처했다면 경세법을 말하고 석가가 곧 주공이고 공자라는 말과 흡사하다고 판단되며, 최한기가 〈기측체의〉에서 一鄕一國의 학문이 아니라, 天下萬世公共의 학문을 하라는 말은 여기서 말한 '天下古今之所以共學而不可缺者'라고 하는 것과 다를 바 없다.

(가), (나), (다)의 짧은 검토에서 蔡溫의 사상이 독자적인 것임을

깨닫게 된다. 蔡溫의 사상은 여러 가지를 복합시킨 것이다. 불교, 유교, 실학, 양명학 등을 모두 한데 뭉뚱그려서 독자적인 사상을 창출한 것으로 보인다. 현실적인 경험을 바탕으로 동아시아 사상가들이 내세우는 것과 근접된 이론을 표방하였다. 그것은 琉球 蔡溫만의 생각이 아니라 동시다발적으로 나타난 보편적 사고였다. 다만 치밀한 논증이나 체계적 저작이 아니어서 날카로운 단상에 머무른 혐이 있다. 그렇다고 하더라도 자신의 사상을 한문문명권의 전통위에서 전개시킨 것은 놀랄만한 일이 아닐 수 없다.

채온의 사상적 공통점은 기철학에 있으나 우리나라의 西浦 金萬重과 견주어서 보면 면밀하게 부합되는 측면이 있음을 절감하게 된다. 〈西浦漫筆〉에서 재래의 유학에 관한 반론을 전개하고 사상의 혁신을 꾀하는 고민을 하게 되는데 그 과정에서 유학에 대한 반론으로 불교나 유교를 가져오는 기이한 면모가 발견되는데 그러한 사상적 고민의 결과가 비슷한 것이 곧 채온의 그것과 유사하다고 할 수 있다. 〈西浦漫筆〉의 한 대목을 살펴보면 이 점을 분명하게 인지할 수 있다.

> 禪家에는 本地風光, 本來面目이라는 말이 있다 이 비유는 가장 절실하다. 이에 楓嶽山을 사랑하는 사람이 있어, 圖經을 널리 수집하고 정밀하게 고증을 가하여, 손금을 보듯이 내외 금강산의 산골짜기를 역력하게 말하면 들을 만하나 자신이 일찍이 동대문 밖을 나간 적이 없었다면, 그가 본 것은 卷裏風光이요, 紙上面目이다. 다만 금강산을 보지 못한 사람과 談論할 수 있을 뿐, 만약 正陽寺의 住持僧을 대한다면, 즉각 패배할 것이다. 만약에 어떤 사람이 東海路上에서 金剛山의 한 봉우리를 바라보았다면, 비록 전체를 보지는 못했다고 하더라도 그가 본 것이 眞山이 아니라고는 말할 수 없을 것이다. 徐花潭이 이에 가깝다.

> 사람 중에 어떤 사람은 圖經上에서 본 것과 같지만, 그 사람이 평소에 慧性을 갖추고 있어 陳迹에 凝滯되지 아니하고 衆說에 眩惑되지 아니하여, 왕왕 산중의 景物을 마치 눈에 보듯이 생각해낼 수 있다면, 이는 비록 斷髮岭 상에서 본 것은 아닐지라도 세상에 참으로 금강산을 본 사람이 없다면, 또한 그를 추천하여 잘 아는 사람(善知識)이라고 할 만하다. 張谿谷이 그런 사람이다.[12)]

인용문에서 요긴한 것은 실제의 경험과 경험이 아닌 글을 통한 추체험의 사실을 비교해서 논하는 것에 있다. 결국 서화담과 장계곡을 비교하려고 하는 것이지만 헛된 관념적 논의에 빠진 세상을 바로잡기 위해서 서포는 선가의 비유를 가지고 와서 이를 일깨우고자 했다. 김만중은 허상을 깨고 실상을 온전하게 인정하는데 이를 원용적으로 적용하고자 했던 것은 곧 불교이다. 서화담은 어떠한 생각도 아니고 자신만의 생각으로 이치를 깨우친 사람이고 장계곡은 양명학을 통해서 유학의 근간을 반성하자고 하는 데서 의의를 찾은 인물이다. 김만중이 자신의 사상적 비판과 반성의 수단으로 이단적인 사고를 가져온 것은 잘 설명되지 않던 것인데, 유구의 채온과 비교하면 전혀 낯설지 않은 면모라고 할 수 있다. 채온의 비판적 사고는 다각도로 되어 있으나 근간에 있어서는 김만중과 그다지 다르지 않다.

儒釋相交는 동아시아에서만 있었던 유학과 불교의 사상적 교유이

---

12) 禪家有本地風光本來面目之說 此喩最切. 今有愛楓嶽者 廣取圖經 精加考證 抵掌而談內外峰壑 歷歷可聽 而身未嘗出興仁門一步 則所見者 券裡風光 紙上面目. 只可與不見山者談論, 若正陽住持僧 則立敗矣. 若有人從東海路上 望見外山一峯 則雖非全體 亦不可謂所見非眞山. 徐花潭近. 人有一人等是圖經上所見 而其人素俱慧性 能丹靑蹊逕 文字脈絡 不滯於陳迹 不眩於衆說, 往往想出山中景物 如在眼中 此雖非斷髮嶺上所見 世無眞見楓嶽者 則亦可推以爲善知識. 張谿谷是也. 〈西浦漫筆〉下

다. 이에 관한 유사한 논란이 있었다. 崔致遠이 말한 바 있는 儒佛兩役論이나 慧諶이 말한 儒佛合一論이 그에 적절한 사례이다. 진정한 고민에서 산출된 것이지만 참으로 유교와 불교의 혼융에 이르지 못한 한계가 있다. 이에 관한 대안으로 살펴볼 수 있는 것이 곧 儒釋相交論이라고 할 수 있다. 이 말은 유학자들이 사용하는 개념이다. 중국 전래의 주역철학과 인도 전래의 불교철학이 복합되면서 동아시아 사상사의 특별한 사상적 혼융이 이루어진다. 이제 〈簑翁片言〉을 통해서 유석상교의 흐름을 그 내력을 더듬어서 소략하게 살펴보고자 한다.

(가) 曹洞宗
(나) 高麗文人의 글 : 白文甫等
(다) 鄭道傳의 〈佛氏雜辨〉 〈心氣理篇〉
(라) 金時習 〈曹洞五位要解〉 〈南炎浮洲志〉
(마) 李珥 〈楓岳贈小菴老僧并序〉
(바) 金萬重 〈西浦漫筆〉
(사) 蔡溫 〈簑翁片言〉
(아) 趙素昂 〈素昂氣說〉

(가) 曹洞宗은 參同契를 중심으로 周易의 원리와 禪佛敎를 합치시키려는 禪風이 하나이다. 조동종에서 내세우는 理事回互의 법식이 주역의 원리와 대단히 근접해 있다. (나) 고려문인의 글 가운데 신흥사대부 문인이 승려의 생애를 적은 비문을 써주거나 어록을 정리하면서 불교 이해의 기틀을 놓는다. 유교와 불교가 어떻게 같고 다른가 하는 문제와 용어의 상충을 흥미롭게 전개한다. (다) 정도전의 〈佛氏雜辨〉과 〈心氣理篇〉은 유교와 불교의 동이점을 간명하게 정리했다. 특히

〈불씨잡변〉은 유교와 불교의 정치한 비교가 이루어진 것으로서 동아시아의 유일무이한 유석상교의 사례가 아닌가 한다. 정도전은 불교 경전에도 해박하게 밝아서 〈능엄경〉이나 〈금강경〉의 원문을 두루 원용해서 비판한다. 물론 대부분 신유학 위주의 관점에서 논하는 한계는 있다.

(라) 김시습은 정도전의 계승자이다. 유교, 불교, 도교의 사상과 전범을 받아들여 자기 자신의 문제로 온축하고 새로운 사상 수립을 위해서 사상사적 용융을 이룩했기 때문이다. (마) 이이는 이이가 생전에도 말했듯이 김시습의 후계자이다. 김시습이 다시 환생한 것이 이이라고 해서 이이의 불교에 대한 이해를 엿볼 수 있다. 이이의 불교 이해는 특히 이원론적 주기론으로 귀착된다. 편지에 답한 글 한 구절을 보면 이점이 명확해진다.

> 旣非二物又非一物 非一物故一而二 非二物故二而一也 (答成浩原書)
>
> (理와 氣는) 이미 두 가지가 아니면서 또한 한 가지도 아니다. 한 가지가 아니기 때문에 하나이면서 둘이고, 두 가지가 아니기 때문에 둘이면서 하나이다.

이이는 금강산의 산속에서 불경을 읽으면서 젊은 시절을 보냈다. 적지 않게 불교에 대한 이해를 갖추고 적절한 비유를 사용하고 하는 이이의 능력은 대단하다고 할 수 있다. 성혼과 주고받은 편지에서도 불교적 비유는 선명하게 등장한다. "釋徒之言曰 金屑雖貴 落眼則翳(불가의 말에 이르기를 금가루가 비록 귀할지라도 눈에 떨어지면 병이 된다)"고 하였으니 불교적 언사는 능란하다.

이뿐만 아니라 불교와 유교를 비교하는 작업을 하기도 했는데 그것은 금강산에 들어가서 나눈 체험에서 비롯된다. 작은 암자에서 이이와 승려의 문답이 오갔다. 승려와 나눈 시의 교섭을 보여주는 서문을 보자.13)

余之游楓嶽也 一日獨步深洞中 數里許得一小菴 有老僧被袈裟正坐 見我不起 亦無一語 周視菴中 了無他物 廚不炊爨 亦有日矣 余問曰 在此何爲 僧笑而不答 又問食何物以療飢 僧指松曰 此我糧也 余欲試其辯 問曰 孔子釋迦孰爲聖人 僧曰 措大莫瞞老僧 余曰 浮屠是夷狄之敎 不可施於中國 僧曰 舜 東夷之人也 文王 西夷之人也 此亦夷狄耶 余曰 佛家妙處 不出吾儒 何必棄儒求釋乎 僧曰 儒家亦有卽心卽佛之語乎 余曰 孟子道性善 言必稱堯舜 何異於卽心卽佛 但吾儒見得實 僧不肯 良久乃曰 非色非空 何等語也 余曰 此亦前境也 僧哂之 余乃曰 鳶飛戾天 魚躍于淵 此則色耶空耶 僧曰 非色非空 是眞如體也 豈此詩之足比 余笑曰 旣有言說 便是境界 何謂體也 若然則儒家妙處 不可言傳 而佛氏之道 不在文字外也 僧愕然執我手曰 子非俗儒也 爲我賦詩 以釋鳶魚之句 余乃書一絶 僧覽後收入袖中 轉身向壁 余亦出洞 悅然不知其何如人也 後三日再往 則小菴依舊 僧已去矣.

(내가 楓嶽에 遊覽할 때 하루는 혼자 깊은 골짜기로 들어가서 몇 리쯤 가니 소그마한 암자가 있었다. 老僧이 袈裟를 입고 반듯이 앉아서 나를 보고도 일어나지 않으며 또한 말 한마디도 없었다. 암자 가운데를 두루 살펴보니 다른 물건이라곤 아무것도 없고 부엌에는 밥 지은 지 벌써 여러 날이 되었다. 내가 묻기를, "여기서 무얼 하시오?" 노승이 웃으며 대답을 아니 하였다. 또 묻기를, "여기서 무엇으로 療飢하고 지내시

13) 李珥, 〈楓嶽贈小菴老僧幷序〉, 詩上, 《栗谷先生全書》 卷之一.

오?" 노승은 소나무를 가르키며, "저게 내 糧食이오." 하였다. 나는 그 辨明을 試驗하고자 묻기를, "孔子와 釋迦 중 누가 더 聖人이오?" 노승이 말하기를, "그대는 노승을 놀리지 마시오." 내가 말하기를, "불교(浮屠)는 오랑캐(夷狄)의 教이니 중국에는 施行할 수 없는 것이지요?" 노승이 말하기를, "순임금은 동이(東夷) 사람이며 문왕은 서이(西夷) 사람이니 그들도 역시 오랑캐란 말이오?" 내가 말하기를, "불교의 오묘한 것도 우리 유교를 벗어날 것이 없는데 왜 굳이 유교를 버리고 불법을 구하시오?" 노승이 말하기를, "유교에도 마음이 곧 부처라는 말이 있소(心卽佛之語)?" 내가 말하기를, "맹자가 性善을 말할 때에 반드시 堯舜을 들어 말하는데 마음이 곧 부처라는 말과 무엇이 다르오? 다만 우리 유교에서는 실제의 것을 보고 얻을 뿐이오." 노승은 수긍하지 않고 한참 있다가 하는 말이, "'色도 아니고 空도 아니다'라는 말은 무슨 뜻이요?" 내가 말하기를, "그것 또한 눈앞에 展開되는 境界지요."라고 하니 노승이 빙그레 웃었다. 내가 또 말하기를, "솔개가 날아 하늘에 이르고 고기가 못 속에서 뛰노는 것(鳶飛戾天 魚躍于淵)이 色인가요, 空인가요(此則色耶空耶)?" 노승이 말하기를, "색도 아니요 공도 아닌 것이 진리의 본체이니, 어찌 그런 시 구절을 가지고 비길 수가 있겠는가?" 내가 웃으며 말하기를, "言說할 수 있는 것이면 그것은 벌써 단지 境界이겠는데 어떻게 本體라고 하는 것이오? 만일 그렇다고 하면 儒教의 奧妙한 곳은 말로써 전할 수 없는 것이고 佛教의 眞理도 文字의 境地를 넘는 것은 못되오." 노승이 깜짝 놀라서 나의 손을 잡으며 말하기를, "그대는 속된 선비가 아니구려. 나를 위해 '솔개가 날고 고기가 뛴다'는 구절을 풀어 시를 지어 주시오." 내가 곧 절구(絶句) 한 수를 써서 주자 노승은 그것을 받아 읽은 뒤에 옷소매 속에 집어넣고 몸을 돌이켜 벽을 향하였다. 나 역시 그 골짜기를 나왔으나 어리둥절하여 그가 어떤 사람인지 알지 못했다. 그 뒤 3일이 지나 다시 가보니, 암자는 그대로 있는데 노승은 이미 떠나고 없었다.)

魚躍鳶飛上下同　물고기가 뛰놀고 소리개가 나는 것은 위와 아래가 한 가지이니,
這般非色亦非空　그것은 색도 아니요 공도 아니로다.
等閒一笑看身世　무심히 한번 웃고 이내 몸을 돌아보니,
獨立斜陽萬木中　석양의 숲 속에 홀로 서 있네.

(바)는 유학자이면서도 불교에 정통했던 김만중의 〈서포만필〉이다. 불교의 이치만 따서 자신의 생각을 전개했다. (사) 蔡溫은 새로운 사상을 전개하는데 있어서 대단히 흥미로운 귀결점을 세웠다. 유교와 불교를 섞고 특히 양명학을 합쳐서 18세기 사상의 새로운 이정표를 세웠다고 할 수 있다. 유교와 불교는 서로 사상적 거리가 있으나, 사상의 보완적 논거가 충분하게 있다. 이점에서 인도문명과 중국문명이 합쳐질 수 있는 가능성을 가졌다고 하겠으며, (가)에서 (사)까지의 시도가 뜻있는 노력이 된다.

(아)는 20세기에 재론된 독자적인 학설이다. 조소앙은 三均主義를 내세우는 인물로 〈素昂氣說〉에서 사상의 근거를 마련했다. 〈소앙기설〉에서 '道亦器器亦道 色卽空 空卽色 人亦天 天亦人'이라고 해서 유교, 불교, 동학의 핵심적인 것을 '素昂氣'로 합치려 했다. 더 나아가서 그 氣가 '氣也者雷子也……分而爲五行, 四大, 展而爲九十二原子'라고도 해서 서양의 과학까지도 합치려 한 흔적이 있다. 조소앙이 불교와 유교를 합치려고 노력했다는 점에서 독특한 면모가 발견된다.[14)]

〈簑翁片言〉의 사상적 전통은 바로 이러한 각도에서 재론할 수 있으리라고 판단된다. 儒釋相交의 관점에서 이를 재론하게 되면 동아시아

---

14) 이에 대해서는, 조동일, 〈좌우의 이념대립과 정부수립〉, 《한국 지성사의 회고와 성찰》, 교수신문사, 1999년 6월 4일 발표에서 참고자료를 얻을 수 있다.

문명권의 사상적 고민과 시대 전환을 위한 진지한 모색을 만날 수 있다고 짐작하게 된다.

17세기 김만중 글쓰기의 혁신적 사상과 발상의 전환

1. 글읽기와 글쓰기의 관계

한 시대의 전환을 알리는데 글쓰기와 글읽기가 긴요한 의의를 지닌다. 김만중(金萬重, 1637, 仁祖 15~1692, 肅宗 18)은 한 시대의 전환자로 요긴한 구실을 하였다. 공식적 처지에서 글을 쓴 것과 달리 자신의 글은 과감하고 자유로운 글쓰기로 임하였다. 가령 글쓰기를 하는데 있어서 소설을 쓰고 《서포만필》과 같은 작업을 하면서 한 시대의 전환을 기획하고 준비하였다. 그러므로 김만중의 글쓰기와 글읽기를 알아보는 것은 요긴한 수단이 된다.

글읽기는 글쓰기와 관련된다. 둘은 불가분의 관계에 있다. 글읽기는 글쓰기와 관련된다. 글읽기와 글쓰기가 분리되지 않는 것을 이해하기 위해서 일단 텍스트(text)를 읽는 것을 문제 삼아 논의하기로 한다. 글은 글만이 아니라 글 이외의 것도 포함한 모든 것을 의미한다. 가령 그림이나 음악까지도 글이라는 범위에서 다룰 수 있다. 텍스트라는 것이 이러한 광의의 뜻을 가진 것으로 활용되는데 이 활용에서 긴요한 것은 텍스트라는 말이 아니라 이것을 어떻게 정의하고 다루는

가에 초점이 있다.

우선 글읽기는 도대체 무엇인지 의문이 있을 수 있는데 글 읽는 것은 몇 가지 단계가 있다. 이를 요점을 정리해서 말하면 다음과 같다.

(가) 글의 뜻과 문맥 파악하기
(나) 글의 전모 요약하기
(다) 글의 문제와 쟁점 발견하기
(라) 글의 생략된 것과 빠진 것 발견하기
(마) 글에 없거나 말하지 않은 것 발견하기

글이 있으면 이것의 뜻과 문맥을 파악하는 일이 시급하다. 더구나 외국어로 되어 있으면 이에 대한 해독은 필수불가결한 사안이 된다. 말을 모르면 뜻을 모르는 것이므로 문맥을 알고 이것의 구체적인 의미를 해독하는 일이 필요하다. 다음으로 중요한 단계는 글의 전체적인 전모를 아는 일이다. 부분에 집착하지 말고 글의 총체적인 의미를 알기 위한 다음 단계의 노력이 곧 글의 전모를 아는 일이다. 이것이 긴요한 순서이다. 세밀한 것과 전체적인 것을 동시에 추구하면서 글의 미세한 대목과 전체를 아는 일이 해독의 기초 과정임을 분명하게 한다.

전체를 알았다고 작업이 마무리 되는 것은 아니다. 글의 문제와 쟁점과 의미를 발견하는 일이 다음 단계의 작업이다. 이 부분이 글읽기의 중요한 부분이 되고 핵심이 될 수 있다. 앞의 두 단계를 동시에 진행하면서 이를 곧 바로 진행할 수 있음을 감안하는 것이지만 이는 의식과 능력의 성장에 의해서 자연스럽게 이루어지는 것이라고 생각한다. 글의 문제점을 알고 이에 대한 자신의 생각을 말할 수 있고 이 글에서 말한 선편의 글이나 이에 대한 대안을 말할 수 있어야 글읽기의 최종 단계가 마무리된다.

글에 생략된 것을 발견하거나 보완할 수 있는 것은 글읽기에서 글쓰기로 나아가는 단계의 것이다. 글에서 말하지 않은 부분을 자신이 채워서 이해하거나 이 글의 부족한 부분을 보완할 수 있는 것은 글쓰기의 기초적인 단계라고 해도 과언이 아니다. 글에 없는 것을 말하는 일을 하거나 말하지 않는 것을 새롭게 이해하는 것은 매우 중요한 과업이라고 할 수 있다. 글쓰기의 단계에서 중요한 것은 여러 가지 자료를 서로 견주어서 이해하는 작업으로 나아가게 하는 것이다. 글읽기가 글쓰기로 나아가는 기본적인 전환을 말하는 단계이다.

2. 김만중 글읽기의 사례 예시

《서포만필》은 일종의 단상을 모은 책이다. 생각을 체계적으로 전개했다기보다 경직된 세계관을 비판하기 위해서 파격적인 글쓰기를 감행했다고 할 수 있다. 생각의 충격을 가하기 위해서 비유와 비교 등의 방법을 새삼스럽게 전개한 특징이 있다. 한 방향으로 생각이 쏠려 있을 때에 이를 파괴하기 위해서 충격의 방법을 가져온 것이 매우 긴요한 것이라고 할 수 있다. 다음의 사례는 그러한 글쓰기의 충격을 주는 하나의 사례이다.

禪家有本地風光本來面目之說 此喩最切. 今有愛楓嶽者 廣取圖經 精加考證 抵掌而談 內外峰壑 歷歷可聽 而身未嘗出興仁門一步 則所見者 券裡風光 紙上面目. 只可與不見山者談論, 若正陽住持僧 則立敗矣. 若

有人從東海路上 望見外山一峯 則雖非全體 亦不可謂所見非眞山. 徐花潭近. 人有一人等是圖經上所見 而其人素俱慧性 能丹靑蹊逕 文字脈絡 不滯於陳迹 不眩於衆說, 往往想出山中景物 如在眼中 此雖非斷髮嶺上所見 世無眞見楓嶽者 則亦可推以爲善知識. 張谿谷是也 偏左晦塞 得此兩人 大非容易 進乎此 則浴沂弄環矣. 李白洲哭谿谷詩曰

並世誰爭長
權時最得中
片言遺物則
萬里入神通　　　　《西浦漫筆》 下

禪家에는 本地風光, 本來面目이라는 말이 있다. 이 비유는 가장 절실하다. 이제 楓嶽山을 사랑하는 사람이 있어, 圖經을 널리 수집하고 정밀하게 고증을 가하여, 손금을 보듯이 내외 금강산의 산골짜기를 역력하게 말하면 들을 만하나 자신이 일찍이 동대문 밖을 나간 적이 없었다면, 그가 본 것은 卷裏風光이요, 紙上面目이다. 다만 금강산을 보지 못한 사람과 談論할 수 있을 뿐, 만약 正陽寺의 住持僧을 대한다면, 즉각 패배할 것이다. 만약에 어떤 사람이 東海路上에서 金剛山의 한 봉우리를 바라보았다면, 비록 전체를 보지는 못했다고 하더라도 그가 본 것이 眞山이 아니라고는 말할 수 없을 것이다. 徐花潭이 이에 가깝다.

사람 중에 어떤 사람은 圖經上에서 본 것과 같지만, 그 사람이 평소에 慧性을 갖추고 있어 丹靑의 蹊逕과 文字의 脈絡을 식별할 수 있어서 陳迹에 凝滯되지 아니하고 衆說에 眩惑되지 아니하여, 왕왕 산중의 景物을 마치 눈에 보듯이 생각해낼 수 있다면, 이는 비록 斷髮嶺

상에서 본 것은 아닐지라도 세상에 참으로 금강산을 본 사람이 없다면, 또한 그를 추천하여 잘 아는 사람(善知識)이라고 할 만하다. 張谿谷이 그런 사람이다.

우리나라는 어둡고 막혀 있는데도 이 두 사람을 얻은 것은 아주 쉽지가 않은 일이다. 여기서부터 진전하면 浴沂弄環[1]의 경지가 될 것이다.

김만중(1637~1692)은 당시로서는 보기 드물게 시대적인 주류에서 벗어나서 새로운 시대를 꿈꾸는 시대적인 반항아였다. 김만중의 사상적인 변혁성은 이미 여러 논자들에 의해서 지적된 바 있지만 구체적인 것은 존재하지 않는 것이 대부분이다. 김만중의 시대에 극력하게 배격하고자 했던 것은 헛된 생각이다. 헛된 생각은 무엇인지 불분명하지만 그렇게 불분명한 것도 아니다.

김만중은 위의 글에서 실상과 가상을 대비적으로 사용하면서 이를 드러내는데 있어서 대립적인 용어를 禪家에서 빌려왔다. 이 용어가 위에서 확인되는 바와 같이 本地風光·本來面目·券裡風光·紙上面目 등이 그것이다. 참답게 있는 실상을 本地風光과 本來面目이라고 했고, 실상에 있지 않는 헛된 생각을 券裡風光과 紙上面目이라고 했다. 실상과 가상에 관한 비판적인 사고를 전개하기 위해서 본지풍광과 권리풍광이라고 하는 말을 빌려와서 당대의 지식인을 비판했다.

당대의 주된 가상은 주자학의 허망함이 가지는 생각을 밀고 나가는 가상도 있었으며, 화이론의 헛된 생각을 지니는 가상도 있었으며, 실상과 명분 가운데 명분론에 기울어지는 헛된 생각도 있었음이 확인된

1) 《論語》, 〈先進第十一〉 子曰, "何傷乎? 亦各言其志也." 曰, "莫春者, 春服旣成, 冠者五六人, 童子六七人, 浴乎沂, 風乎舞雩, 詠而歸." 夫子喟然歎曰, "吾與點也!"에서 나온 말이다. 세속에 얽매이지 않고 자유롭게 도통의 경지를 얻는 것을 말한다.

다. 이 모든 헛된 생각과 가상에 얽매여 있는 인물들에 대한 극단적인 공격과 이를 이루기 위한 발상의 전환이 요구되었다고 하겠다. 이를 효과적으로 공략하기 위한 작전이 곧 충격을 주는 방법이다. 그래서 이단적인 생각을 가진 사람을 옹호하고 이단적인 생각의 근저를 나란히 비교하는 충격적인 수법을 전개했다. 가령 다음과 같은 구절을 보면 이 점이 명료하게 드러난다.

嘗以儒釋兩家比並而論 達摩孟子也 璨可忍信周張兩程[2]也 曹溪考亭[3]也 馬祖臨濟象山陽明[4]也 自釋迦變爲馬祖 臨濟 所由來者 漸矣

《西浦漫筆》 上卷, 81문단.

(내가 일찍이 유석의 양가를 아울러서 비교하여 논하기를 達磨는 孟子이고, 僧璨 慧可 弘忍은 周子 張子 程顥 程伊 형제이고, 曹溪는 考亭 朱熹이고, 馬祖 臨濟는 陸象山 王陽明이다. 釋迦에서부터 변화되어 馬祖 臨濟에 이르기까지는 점차로 전진되었다.)

佛書雖煩 其要不出於眞空妙有四字 圭峰宗密謂眞空者 不違有之空也 妙有者 不違空之有也 此語頗與濂溪周子無極而太極相似 朱子謂定性書之性字 用得差異 盖性不可以定言也

《西浦漫筆》 上卷, 83문단.

(불서는 비록 번쇄하나 그 요체는 진공묘유 넉자에서 벗어나지 않는다. 규봉 종밀이 진공이라고 하는 것을 일러서 있음의 공함에 어긋나지 않는다고 하였으며, 묘유라고 하는 것은 공의 있음에 어긋나지 않는다

2) 兩程은 程伊川과 程明道를 이르는 말이다.

3) 考亭은 朱子의 자를 이르는 말이다.

4) 陸九淵과 王陽明을 이르는 말이다. 이들은 朱熹의 경쟁자였다.

고 하였다. 이 말은 파다히 주렴계 돈이가 말한 바의 '무극이태극'이라고 하는 말과 더불어서 서로 비슷하다. 주자가 정성서의 성자를 사용함에 차이가 있다고 하는 것은 아마도 성은 정하여서 말할 수 없다고 하는 것이다.)

두 가지 글은 모두 충격적인 발언이 담겨 있다. 당시로서는 좀처럼 용납되지 않는 불교와 유교를 비교하자는 것이 요점이다. 둘은 다른 것이 아니고 학문이나 종교의 전개 과정에 있어서 흡사한데 담당층이나 주요 인물이 서로 비슷할 뿐만 아니라, 핵심적인 개념에 있어서도 동일한 것이라고 말한다.

첫 번째 글은 그렇게 해서 마련된 것이다. 중국 내에서 전개된 선학의 전개가 마치 유학의 전개와 남다르지 않다고 했으며 진리라고 여기는 것이 일정하게 전개되면서 생성된 것임을 분명하게 인지하도록 했다. 선불교의 전개와 신유학의 정립을 비슷하게 보고자 하는 것은 상대적인 관점에서 비교해야 한다는 것이다. 절대적인 진리가 단박에 완성된 것이 아니라 점진적으로 전개된 것임을 분명하게 한다. 따라서 진리는 상대적인 관점에서 살펴야 한다는 말이다.

게다가 중요한 사실은 陸九淵(남송, 1139~1193)이나 王陽明(명, 1472~1529)이 배척되지 않는 무리의 인물이라고 하는 점이다. 주희만을 중심으로 놓고 보면 주희가 진리를 견지한 인물처럼 보이지만 사실은 그렇지 않다는 것을 명백하게 한다. 주희와 동시대에 살면서 심학을 강조한 상산과 양명의 학문 역시 동일한 견지에서 볼 수 있는 것임을 분명하게 한다. 주류가 아니라고 해서 학문의 성향이 완전히 별개의 것이 아니라고 하는 생각을 갖추고 있다. 주희로 인해서 벗어난 것처럼 보여 진 인물이 사실은 중심에 있음을 주장한다. 마조와 임제를 상산과 양명에 견준 것은 이 때문이다.

두 번째 글은 더욱 충격적인 내용으로 되어 있다. 불교의 핵심을 가지고 와서 이를 眞空妙有라고 말하고 이를 圭峰 宗密의 말에 빗대어서 유가의 핵심적인 용어와 견주고 있기 때문이다. 유가의 말을 비판하기 위해서 불서의 핵심을 다시 생각하게 하는데 이것이 긴요한 발언이다. 요점은 진공과 묘유가 하나이듯이 무극과 태극이라는 것이 하나로 진공묘유와 무극이태극이 서로 같다는 말을 한 것이다. 진공묘유는 결국 불교에서 말하는 보편자에 관한 개념이고, 무극이태극은 신유학에서 확립된 보편자이다. 비록 규봉 종밀의 말에 의존하고 있으나 둘은 보편적인 사실을 논하는데 있어서 어긋나지 않는다. 무극이태극은 주자에 의해서 확립된 〈태극도설〉의 서두를 장식하는 말이다. 이를 불교와 신유학이 다르지 않다는 식의 말을 해서 서로 같은 발상을 하고 있음을 말하고 있다.

선서의 진공묘유와 신유학의 무극이태극이 같다고 하는 것은 생각의 상대적인 관점을 제시하는 파격적인 말이다. 신유학이 독점적이고 배타적으로 자신들의 개념을 옹호하고 절대화하는 것에 대한 의문을 이렇게 비판하고 있다. 이어지는 구절에서 무극이태극이라는 용어뿐만 아니라, 성에 관한 말까지도 동일하게 취급하고 있는 점을 확인할 수 있다. 성은 정과 함께 선가의 긴요한 말이다. 그런데 이 말이 문제가 된다. 그래서 이에 관한 인습적인 사용에 대한 논란을 벌이고 있다. '朱子謂定性書之性字 用得差異 盖性不可以定言也 禪家以作用爲性 故其書有定性比丘 定性菩薩之說 疑程張之學 自禪而變 故因循未改也'라고 하는 구절에서 이를 확인할 수 있다. 주자의 논저인 정성서의 용례가 불가적인 것에서 인습적으로 사용한 것임을 말한다.

김만중은 이단의 추종자였다고 보기 어렵다. 당대의 경직된 사고방식을 비판하기 위해서 굳어진 생각을 가지고 헛된 생각을 하는 경직된 사람들을 비판하고자 했다. 이단을 추종하는 것이 아니라 이단으로 배격되는 인물들이 진리에 가까운 말을 했다는 점을 강조하면서 굳어진 생각의 이면을 비판하면서 이들이 사실은 본질적으로 생각의 파격을 지적하는 것임을 말하고 있다.

주자학, 화이론, 명분론은 교묘한 함수관계를 가지고 있으면서 당대의 주류적인 생각을 말한다. 주자학은 하나의 굳어진 생각이고 과거의 하나 사상에 불과한데 이것에 대한 헛된 조류가 만연해서 이에 대한 굳어진 생각과 이에 대한 막연한 추종이 본질을 해친다고 판단했다. 이기이원론이 본질에서 어긋났는데도 불구하고 이를 더욱 심화하거나 옹호하는 생각이 만연해서 본질을 해치는 일이 거듭되었음을 강조하고 있다. 이를 근저에서 비판하는 방법을 실제를 들어서 이에 대한 견해를 비판하는 것이다.

華夷論은 孔子의 敎化가 미친 곳을 華라고 하고, 공자의 교화가 미치지 않은 곳을 夷라고 해서 이들을 비판하는 일을 했다. 화이의 가치관이 잘못된 것이고 화이의 개념 구분이 절대적이라고 하는 것은 잘못된 사고방식이라고 할 수 있다. 화이의 구분이 근본적으로 문제가 있는 것을 당대의 주류에서는 이를 감지하지 않고 의식적으로 무시하면서 이를 인정하지 않으려는 잘못이 반복되었다. 이 점에 대한 비판적인 사고가 이러한 글을 쓰게 했다. 이단이 사실은 이단이 아니라 상대적으로 옳은 것임을 강조하고 있다.

명분론은 더욱 큰 문제였다. 북벌의 문제가 생겼을 때에 이를 청을 배격하고 이를 따르고자 하는 생각을 가졌던 송시열의 생각을 근저에서 비판하면서 이를 극복하고자 하는 노력을 새삼스러이 했다. 이 생각의 이면에 명분보다는 실제를 중요하게 생각하는 비판적 사고가 작동하고 있었다. 명분론을 극복하고 실상을 실상대로 인식하자는 생각이 이러한 문제를 인식하고 작용하도록 했다.

본지풍광과 권리풍광은 실상과 가상에 대한 비유적인 언사이다. 본지풍광은 실상에 근거한 생각을 이르는 말이고, 권리풍광은 가상에 근거한 것으로 실제가 아니라 헛된 생각이 자리하고 있는 것을 이르는 비유적인 언사이다. 가상을 극복하고 실상을 올바로 인식하자는 생각이 이러한 단상을 갖게 한 것이다. 가상에서 벗어나 참다운 실상을 바로보자는 생각이 이러한 일단의 의의를 갖게 하는 글을 쓴 셈이다.

3. 김만중 글쓰기의 실제적인 의의

3.1. 주류의 방법에서 벗어나 비주류의 방법으로 혁신적 사고를 표현하다

글에서 예시된 사실을 정리하면 선가에서 사용하는 말을 가져다 비유를 들었다. 정통적인 유가의 사고를 배격하고 이를 선가의 비유를 들어서 말하는 것은 혁신적인 발상이다. 글쓰기의 발상이 달라진 것으로 《西浦漫筆》이라는 저작의 자유가 이러한 사고를 표현하기에 적절하였고 아울러서 논증이 아닌 단상의 글쓰기가 이 사고의 표현에 적절한 것을 알 수 있다. 정통적인 유가의 사고가 이 시점에서 어떠한 것이었는지 우리는 쉽사리 알 수 있다.

바로 16세기를 분기점으로 해서 우리나라의 철학적 사조는 둘로 갈라졌으며 글쓰기도 이러한 경향을 둘로 나누어서 가진 것을 알 수 있다. 하나는 氣哲學적 글쓰기이고 다른 하나는 理哲學적 글쓰기이다. 16세기에 이 글쓰기의 대표적인 인물이 둘이 있다. 徐敬德과 이황이 바로 이 인물이다. 徐敬德은 자신이 깨달은 바를 실제로 실제 글쓰기로 이룩했다. 이 글쓰기는 이이의 말에서 유래된 것으로 곧 자득지학인 셈이다. 이황은 성현이 말한 바를 자신의 말과 부합시키는 말을 했다. 성현의 말을 얼마나 깊이 있게 말하는 것이 글쓰기의 중요한 판가름이다. 이를 이이는 바로 의양지학이라고 했다.

氣哲學적 글쓰기는 기의 본질적인 현상을 사물이나 우주의 궁극이라고 생각하면서 기 자체를 긍정하고 이를 기의 조리 내지는 기의 용사라고 여겨서 이를 글로 쓰는 것을 글쓰기의 임무로 생각했다. 자신의 말을 하면서 성현의 말은 인용해서 비판할 때에나 인용하는 것을 주된 임무로 삼았다. 氣哲學에 관한 생각을 글쓰기로 하는데 이에 관한 생각도 발전한다고 믿었다.

理哲學적 글쓰기는 이의 본질적인 측면을 인정하고 이를 성현의 생각을 쫓고 자신의 말을 타당성 있게 개진하는 말로 삼은 점이 남다른 측면이다. 理哲學적 글쓰기는 성현의 말씀을 충실하게 인용하고 성현의 생각이 이러한 것이 아니었는가 하고 이를 자신의 생각을 확인하는 근거로 삼았다. 그래서 성현의 생각을 적은 글을 여러 문헌에서 상세하게 인용하면서 자신의 주장으로 내세우는 기이한 글쓰기를 했다. 성현의 생각이 타당하므로 후대의 학자는 성현의 말을 충실하게 인용할 뿐이지 이것이 발전하거나 진보된 생각을 드러내는데로 나아가지 못했다.

기는 변화를 본질로 하고 이는 불변을 본질로 하는 것이므로 이에 관한 생각이나 이를 탐구하는 인식에 있어서 본질적인 차별성이 생긴다. 16세기의 글쓰기와는 다르게 17세기의 金萬重이 탐구한 글쓰기는 氣哲學적 글쓰기도 아니고 더 나아가서 理哲學적 글쓰기는 아니다. 이점이 金萬重의 독창적인 발상이고 사고의 전환에 의한 사고의 표현과 글쓰기의 새삼스러움을 드러내는 것이라고 보아야 한다.

선가의 비유를 가져온 것은 아주 특이한 면모이다. 정통적인 사고를 가져온 것이면서도 이면의 생각에서는 이처럼 정통을 비판하는 방법을 택했다. 비유적인 방법을 가져 오고 선가의 비유를 인용한 것은 아주 각별한 면모이다. 그러면서도 사고를 혁신하는데 있어서 최종적인 긍정의 초점을 氣哲學적 글쓰기이다. 徐敬德을 긍정하고 張維를 긍정한 이유가 이것이다. 氣哲學을 긍정하고 양명학을 긍정한 것은 17세기의 전환적 사고에서 가능하다.

3.2. 격물과 치지의 중요성 : 외면의 관찰과 내면의 혜성을 견주다

위 글을 뜯어서 보면 결국 권리풍광과 지상면목을 부정하고 본지풍광과 본래면목을 중시하는 것이 최종적인 도달점임을 말하고 있다. 참다운 진리를 파지한 인물로 두 사람을 들었다. 한 사람은 徐敬德이고, 다른 한 사람을 張維이다. 徐敬德은 동해의 길 밖에서 금강산을 보았다고 했다. 徐敬德은 그러한 까닭에 진산을 본 셈이다. 金萬重은 말을 꼬았으나 참다운 산을 본 점을 부인하지 않았다. 徐敬德의 문제는 금강산의 한 봉우리를 보았다는데 있다. 전체를 보지 않고 부분을 본 것이 金萬重의 관점에서는 불만이다.

이는 달리 풀어서 말한다면 金萬重이 무엇에 주목하고 있는지를 알아야만 이 문면을 이해할 수 있다고 생각한다. 바로 氣哲學의 총괄적인 자득적 면모를 역설적으로 긍정했다. 선가의 비유를 들어서 보아도 氣哲學의 긍정성을 부인할 수 없는 것이다. 그 점을 에둘러서 인정하는 문면의 이면적 의미가 있는 셈이다.

張維는 다른 각도에서 이를 평가했다. 張維는 그림 속의 경치를 본 사람이다. 張維는 그런데도 불구하고 이면에 뛰어난 혜성이 있다고 했으며 혜성은 단청의 혜경이나 문자의 맥락을 식별할 수 있다고 했다. 헛된 말로부터 진리를 다시금 인식하면서 산중의 경물을 생각해내는데 구애됨이 없기 때문이다. 자성이 뛰어나서 남의 말을 건너뛰고 현혹되지 않는다. 張維와 같은 인물은 단발령 상에서 금강산을 본 것은 아니나 생생하게 생각의 슬기를 가지고 그러한 체험을 갖지 않은 사람에게 자신의 생각을 전달할 수 있다. 참다운 산을 보지 않았음에도 불구하고 張維는 뛰어난 자신의 생각을 구현할 수 있다. 그러나 실제의 체험을 가진 인물에게는 무기력할 수밖에 없는 약점이 있다.

徐敬德은 밖에서 멀리 산계의 산을 보았다. 氣哲學의 변화 운동하는 실상을 인지한 徐敬德을 이처럼 긍정한 것이다. 徐敬德은 격물을 중시하고 이를 가지고 기의 운동 변화를 말하는 탁견을 가졌다. 이에 견주어서 張維는 안에서 갖추어져 있는 혜성으로 권리풍광의 타당성 여부를 그 자체로 견주어서 아는 지혜를 가진 인물이다. 밖에서 보고 안에서 보는 진리 파악의 방법을 비교하면서 둘 다 소중하게 간주하는 방법을 택하고 있음이 확인된다.

金萬重이 결론삼아 한 말이 소중하다. 우리나라는 어둡고 막혀 있다고 했다. 아마도 이것은 주류의 학문인 理哲學의 헛된 점을 말한 것이다. 두 사람이 추구한 방법은 氣哲學과 양명학인데 이 점을 아주 소중하게 밝혀서 이를 일러 두 가지 방법을 소중하다고 하는 것을 인정했다. 외면과 내면의 문제를 적실하게 예시하면서 이를 일러 함께 말하는 전통이 이처럼 金萬重에게 간파된 것이다.

徐敬德과 張維는 둘 다 무시할 수 없는 소중한 사상가이자 철학자이다. 徐敬德은 생각을 많이 했고 張維는 여러 문헌을 두루 섭렵한 인물이다. 하나를 택해서 골똘하게 생각하는 경지에서 실제의 현상이 무엇인가 궁극적으로 탐구했다. 張維는 혜성을 가지고 여러 전적을 두루 탐구해서 남다른 경지를 구현했다. 둘은 金萬重의 소중한 지적 준거가 되었던 인물이다. 지적 준거가 소중하기 때문에 이들이 시대적으로 어떠한 의의가 있는지 꿰뚫어 보았다고 하겠다.

밖에서 하는 공부와 안에서 하는 공부는 좋은 짝이 된다. 선가의 비유를 들어서 말한다면 돈오와 점수의 관계가 곧 그것이다. 돈오를 하고 점수해야만 마침내 큰 작업을 이룰 수 있다. 안팎의 공부가 소중한 점을 이미 주자도 말한 바 있다. 이른 바 재내공부와 재외공부가 그러한 공부의 방식이라고 할 수 있다. 金萬重은 시대적인 사고의 문제점을 새롭게 비판하면서 안의 공부와 밖의 공부를 혁신하는 훌륭한 전례로 곧 불교, 특히 선불교의 전통을 대안으로 삼아 아우르려고 했다.

3.3. 단상적 글쓰기와 소설의 논리적 유용성

《西浦集》과 《西浦漫筆》의 세계가 거리가 있음이 확인된다. 金萬重이 후자의 저작에서 지속적으로 추구한 것은 단상적 글쓰기이다.

단상을 표현하는 글쓰기는 선가의 어법이나 어록에서 유래했다. 화두를 제시하는 방식으로 논증보다는 통찰을 중시하면서 깊은 깨달음을 유도하는 글쓰기를 예시했다. 논리적인 글쓰기를 지향하지 않고 단편적인 이야기를 한 것은 매우 이채로운 일이다.

유가와 불가를 혼합해서 이를 논리적으로 형상화하는 글쓰기를 새롭게 마련했는데 이를 곧 소설에서 확인할 수 있다. 金萬重의 소설을 ≪西浦漫筆≫의 세계와 연결하면 동질적인 사고의 형태를 확인하게 된다. 〈구운몽〉과 〈사씨남정기〉에서 문제되는 유가적인 삶의 세계와 불가적인 삶의 세계가 이루는 표면과 이면의 세계는 너무나 대조적이면서도 보완적인 세계라고 할 수 있다.

성진의 삶과 양소유의 삶은 하나이면서 둘이다. 둘이라고 하는 것은 유가와 불가의 삶을 상징하고 있기 때문이다. 동시에 성진과 양소유는 사실은 꿈속과 꿈밖의 인물이라는 점을 들어서 갈라져 있으나 한 인물로 연결되어 있으므로 이 인물은 둘이 아니고 하나이다. 유가의 사고를 비판하기 위해서 불가의 사고를 필요로 했지만 비판에 머무르지 않고 새로운 인물로 나아가는데 있어서 창조된 것은 불가든 유가든 내면과 이면이 하나로 얽혀 있는 것임을 새롭게 하고 있다. 이 사실은 〈사씨남정기〉에서도 동일하게 발견된다. 사씨가 남정을 해서 만난 묘혜의 도움은 유가의 현부인과 불가의 승려가 서로 상통하는 존재임을 알아차리게 하는 구실을 한다.

소설은 서두, 중간, 결말 등을 서로 연결시켜서 유기적인 구성을 하는 문학 갈래이다. 소설에서 이룩한 논리적 사고는 문학 창조로만 이루어진 것이 아니라, 소설을 통한 시대적 사고 전환을 표현하는데 있어서 아주 적절한 수단이 되었다고 할 수 있다. 소설을 통해서 논리적인 표현을 하는 전례를 훌륭하게 이룩한 셈이다.

《西浦集》, 《西浦漫筆》, 〈구운몽〉, 〈사씨남정기〉 등으로 이어지는 생각의 표현은 각기 다르다. 공식적인 견해에서 개인적인 사적인 견해, 표면적인 생각에서 이면적인 생각 등을 표현하는데 있어서 이를 드러내는 방식이 매우 달랐음을 알 수 있다. 金萬重의 시대적 사고 완성물은 바로 소설이다. 소설은 공식적인 견해와 다르게 사상의 자율성을 가장 창조적으로 드러낼 수 있는 아주 적절한 수단이었다고 하겠다. 단상을 통해서 짧게 드러낸 사고의 형태가 본질적인 시대의 전환을 알리는데 있어서 소설이라는 갈래는 매우 요긴한 수단이었음을 절감하게 한다.

17세기는 소설의 전환을 기록한 시대임을 다시 상기할 필요가 분명하게 있다. 소설이 나타나서 이면적으로 시대의 전환을 알렸음은 부인하기 어려운 것이다. 18세기의 문학과 예술이 본질적으로 달라지듯이 이미 17세기에는 상당한 변화가 이면적으로 이루어졌는데 이러한 변화가 출발점이지 도달점이 아니라는데 문제의 본질이 있다고 하겠다. 17세기의 전환은 일면적이거나 몇 몇 인물에 의해서 이루어진 부분적인 것이라고 한다면 18세기는 그러한 전환의 시대적인 조짐이 전면적으로 이루어졌다고 할 수 있다. 金萬重이 돌올하게 솟아난 이유는 바로 여기에 있다고 할 수 있다.

4. 17세기 다른 인물의 사상가와 견주기

모든 것은 가상이라는 생각을 한 김만중의 생각은 동아시아의 조선에서만 이루어졌던 것만도 아니다. 가상에서 벗어나서 실상을 구하고 모든 것을 회의하고 비판적으로 바라보자는 생각은 진리에 대한 생각의 힘을 말하자는 것과 일치된 생각이다. 방법론적 회의를 내세우면서 중세적인 사고를 배격하고자 하는 생각의 공통점이 17세기 사고에서 발견된다. 김만중은 주자학에 맞서서 불교나 양명학을 가지고 사고의 표현을 새롭게 했다면, 비슷한 시기에 동아시아의 유구국에서는 채온이 진리를 상대적으로 파악하고자 하는 생각을 전개했다. 유럽문명권에서는 데카르트가 방법론적 회의를 내세워서 이성을 강조하는 학문적 혁신을 꾀하고자 했다. 서로 거리가 멀기 때문에 다른 것이지만 다른 각도에서 보면 세 사람은 깊은 사고의 공통점을 가지고 있다고 생각한다.

이를 구체적으로 확인하기 위해서 두 사람의 단상을 편 글을 비교하면서 이 점을 논의하기로 한다. 〈사옹편언〉과 《방법서설 *Discours de la méthode*》에서 일부를 발췌해서 비교한다. 두 책은 각기 의의가 있는 저작인데 이를 핵심적으로 견주어서 내용의 공통점과 차이점을 확인하는 일이 필요하다. 17세기를 극복하기 위한 방법적인 성찰이 담겨져 있는데 이를 각기 보면 다른 것이지만 함께 보면 동일한 것임을 알게 된다. 이를 우리는 방법론적인 회의라고 보아도 잘못이 아니다.

서로 생각이 다른 사람을 비교하는 글을 쓴 것은 채온의 방식이었다. 한 사람이 다른 생각을 가진 것과 다르게 여러 인물 사이의 대담 형식을 취해서 서로 다른 인물의 사상을 비교하여 진리가 무엇인지 알게 하는 수법을 택한 것이 첫 번째 글의 요점이다. 승려의 불교, 선비의 유교, 사옹의 양명학 등은 서로의 생각이 같고 다른 것을 말하는 사상적 비교의 사례로 선택되어 쓰였다.

이에 견주어서 두 번째 글은 자신의 생각을 조리 있게 전개하는 방식을 선택했다. 이 선택은 당연한 것이지만 다른 관념이 선재한 곳에서는 구할 수 없는 각별한 것이었다. 그런데 자연학문의 방법을 가져와서 이를 인문학문의 글쓰기에 적용한 것이 이 글의 요점이라고 할 수 있다. 이른 바 유클리트 기하학의 생각을 가지고 이를 적용하자 새로운 합리성을 구할 수 있게 되었고, 여러 가지 이론적인 문제점을 극복하면서 회의를 체계적으로 전개할 수 있었다.

진리와 실상을 검토하기 위해서 이를 체계적으로 비판하고 문제의 이면을 알게 하는데 방법론적 회의는 매우 중요한 것이었다. 문제를 본격적으로 인식하면서 이를 일관되게 구성하는 힘이 사람의 경험적인 인식 속에 있다고 하는 것은 파격적인 선언이었다. 인간 이성보다 위에 있던 선험적인 권능을 부정하고 문제의 실상을 그 자체로 연구한 것은 매우 중요한 전환이 되었던 점을 부인할 수 없다.

김만중은 파격적인 생각을 드러내기 위해서 표현의 파격을 선택했다. 채온 역시 동일한 관점에서 논할 수 있는 생각의 일단을 드러냈다. 이에 견주어서 데카르트는 이성에 의한 투명한 자신의 사고를 중시했다. 이러한 점에서 김만중은 문학적인 글쓰기를 치중하고 데카르트는 철학적인 글쓰기를 주장했다. 파격적인 사고를 글쓰기의 방식으로 전개한 김만중의 생각이 남다른 것임을 알 수 있다. 채온 역시 동일한 수법을 전개했는데 채온은 대화의 수법을 가져와서 남다른 면모를 개척했다.

4.1. 琉球國 蔡溫(1682~1761)의 생각과 견주기

〈사옹편언〉은 모두 50편으로 되어 있는 각 편의 단상인데 주로 대화를 통해서 전개하면서 삿갓 쓴 노인의 생각을 예리하게 표현한다. 체계적인 저작은 아니며 일관된 생각을 조리정연하게 전개한 것도 더구나 아니다. 자유로운 글쓰기를 통해서 이 생각 저 생각을 파격적으로 전하는 수법의 대화를 택했음을 확인하게 된다. 그래서 체계적인 저작이 아닌 것을 확인하게 된다.

도롱이를 쓴 노인이 주로 선비와 승려를 통해서 이야기를 주고받는 점이 각별하며 인간의 윤리적인 문제나 여러 가지 논의를 구체화하는 수법이 탁월하다고 하겠다. 체계적인 저작이 아니라는 점에서 산만한 것 같은 이 책은 이면에서 종래에 굳어진 생각을 가진 인물을 공격하는데 효과적인 수법을 사용하고 있음이 확인된다.

> 二士一僧 俱訪簑翁 見茅廬前有梅一株 花盛如雪 二士曰美哉美哉 翁曰眞美何在 一士曰在花 一士曰在眼 僧曰在心 翁向三人曰 士也近拙 僧也近巧 皆非眞美 僧曰敢問 眞美何在 翁曰僞在于已言之後 誠在于未言之前 (200~201면)

두 선비와 한 승려가 함께 사옹을 방문했다. 띄풀 오두막 집 앞에 매화나무 한그루가 있는 것을 보았는데, 그 매화꽃이 눈처럼 무성했다. 두 선비가 말하기를, "아름답다, 아름답다"고 했다. 사옹이 말하기를, "진실한 아름다움은 어디에 있는가?"라고 했다. 한 선비가 "꽃에 있다"고 하고, 다른 선비는 "눈에 있다"고 하고, 승려는 "마음에 있다"고 했다. 사옹이 세 사람을 향해서 "선비는 졸렬함에 가깝고, 승려는 공교로움에 가까우니 모두 참된 아름다움은 아니다"라고 했다. 승려가 "감히 묻건대 진실한 아름다움은 어디에 있습니까?"라고 하자 사옹이 "거짓은 말을 한 뒤에 있고, 참됨은 말을 하기 이전에 있다"고 했다.

한 선비는 매화의 아름다움이 대상에 있다고 하고 있다. 존재 자체가 아름답다고 말한다. 다른 한 선비는 인간의 감각 기관에 있으며 대상에 대한 파악이 긴요하고 그것이 감각 기관의 인지에 있음을 말하는 것이다. 승려는 아름다움이 마음에 있다고 말한다. 선비의 말은 대상인 존재에 있다고 하는 것이고, 다른 한편에서는 나의 감각에 있다고 하는 것이다. 이와 달리 승려는 인식의 주체를 대상이나 감각으로 보지 않고, 오히려 주관적 관념론의 총체인 마음에 있다고 하는 것이다.

사옹은 이 둘을 명확하게 갈라서 말하고 있다. 선비는 졸렬하고 승려는 공교롭다고 하였다. 졸박한 것과 공교로운 것은 둘이 아닌데 이 모든 문제는 결과적으로 말에서 비롯된 문제이다. 사옹을 방문한 뒤에 벌어지는 것은 말이 아니다. 자신의 느낌을 존중하고 고요하게 사색하고 허정하게 바라보아야 하는데 언명을 하고 나니 문제가 발생했다고 할 수 있다. 그렇기 때문에 참과 거짓이 언어로 발설되면서 생긴 문제라고 하는 것을 분명하게 예시하고 있다.

채온은 한 시대의 전환을 알리는 사상적 변혁을 꾀했다. 그렇게 하는데 있어서 여러 가지 학문을 하나로 합치고 이를 극복하고자 하는 작업을 하였다. 주관적 관념론이라고 할 수 있는 양명학과 불학을 연결하고, 객관적 관념론인 주자학을 비판하면서 그것을 모색하고 진전하고자 하는 노력을 하게 되었다. 그러한 사상사의 모색이 진정하게 이어지면서 한 시대의 전환을 알리려고 하는 점에서 채온과 김만중은 서로 상통한다.

4.2. 프랑스 데카르트(Rene Descartes, 1596~1650)의 생각과 견주기

데카르트는 《방법서설 *Discours de la méthode*》라는 글에서 열 가지 이상의 방법론을 예시했다. 모두 중요한 것이고 근대적인 학문의 방법을 갖춘 것이라고 했으므로 이를 모두 받아들여서 논의하는 것이 바람직하나 여기에서는 특히 중요하다고 생각하는 것으로 세 가지 방법만을 문제 삼아 다루기로 한다.

"첫째는 내가 스스로 분명하게 판단해서 진실되다고 하는 것이 아니면 아무 것도 진실되다고 받아들이지 않는다."고 했다.

"둘째는 내가 다루기 어려운 대상은 가능한 한 세부적인 사항으로, 더 잘 해결할 수 있는 사항으로 나누어야 한다."고 했다.

"셋째는 가장 단순하고 이해하기 쉬운 사실에서 차츰 단계를 밟아 가장 복잡한 것들에까지 이르는 사고 과정을 거쳐야 한다."고 했다.

다소 선언적이기는 하지만 이것은 한 시대의 학문 방법론을 바꾼 획기적인 것이다. 자신의 판단이 직절하고 그것이 거의 유일한 진리 파지의 수단이라고 하는 방법론을 제시하였다. 남의 권위, 기존의 지식체계를 존중하는 학풍에서 벗어나서 자신의 판단과 이성의 힘을 믿는 방법론을 제시하였다. 자신의 파악과 대상을 파악하는 것을 중시하면서 자신의 관점을 내세우는 전환을 이룩하였다.

복합적 대상의 전체를 학문적으로 모두 다루는 것은 불가능하다고 하였다. 오히려 대상의 전체보다 부분적 분할과 분석을 중시하였다. 세부 사항으로 해결하고 다루기 쉬운 방법으로 다루는 것이 긴요하다고 하였다. 대상의 전체와 부분 가운데 부분의 분석이 가장 긴요하다고 하는 방법을 존중하였다. 그러한 생각을 드러내는데 있어서 결과적으로 체계적인 전체를 중시하는 방법론과 다른 것임을 밝혔다.

단순한 사실, 알기 쉬운 사실 등을 정리해서 다루는 것이 가장 긴요하다고 하였다. 단순하고 알기 쉬운 것이 저열한 것은 아니지만 낮은 차원에서 높은 차원으로 올라가는 것이 긴요하다고 하였다. 얕은 곳을 지나야 깊은 곳에 이를 수 있으며, 이유식을 먹으면서 본래의 음식을 씹어 먹을 수 있는 것과 같은 방식이라고 할 수 있다. 그러한 연유에서 높은 차원의 이해와 복잡한 것은 순서대로 규명할 수 있다고 한 것이다.

데카르트의 방법론은 근대적이고 새로운 시대의 학문으로 깊은 관련을 지니고 있으며 김만중의 글과도 심층적으로 연계되는 점을 확인할 수 있다. 김만중이 내세운 절대적 권위주의의 견해를 부정하고 자신의 진리 파지를 위해서 내세운 것과 상통한다. 권리풍광과 지상면목에서 벗어나서 본지풍광과 본래면목을 찾고자 한 것과 관련이 있다. 이 점에서 실상을 중시하고 실학을 강조한 것이 채온의 방법론과도 관련이 있다. 방법론적 혁신과 의의를 가지는 점에서 서로 깊은 관련을 지니고 있다.

《簑翁片言》 본문 번역 평석 주석

1

簑翁耕田 而有樂色 路上紳人顧問曰 年老耕田 逸乎勞乎 翁曰公乘馬往 逸乎勞乎 紳人笑曰 耕田勞也 乘馬逸也 雖婦人孺子 皆能知之 翁曰知其一而忘其二可乎 紳人曰是何謂也 曰躬耕護稻 樂莫大焉 任官不當 恥莫大焉 恥卽勞也 樂卽逸也 然卽所謂勞者 其在吾耶 亦在公耶 所謂逸者 其在公 亦在吾耶 紳人喜曰 吾問一而得二

사옹이 밭을 갈고 있는데, 얼굴에 즐거운 기색이 있었다. 길 위 벼슬아치가 돌아보며 물어 말하기를, “연로하신 분께서 밭을 갈고 계시니 편안합니까? 힘듭니까?”하니 사옹이 말하기를, “공께서 말을 타고 가니 편안합니까? 힘듭니까?”라고 하였다. 벼슬아치가 웃으며 말하기를, “밭을 가는 게 힘들고 말을 타는 것이 편안하다는 점은 아녀자나 아이라도 능히 알만한 것입니다.”라고 하니 사옹이 말하기를, “하나를 알고 둘을 잊어버리는 것이 옳겠습니까?”라고 하였다. 벼슬아치가 말하기를, “이것이 어찌된 일입니까?”하니 사옹이 말하기를, “몸소 밭을 갈아 벼를 얻는 것은 그 즐거움이 이보다 큰 것이 없고, 관직을 맡았으나 제대로 감당하지 못하면 치욕이 이보다 큰 것이 없습니다. 수치가 곧 힘든 것이요, 즐거움이 곧 편안한 것입니다. 그러한즉 힘들다는 것이 나에게 있습니까, 또한 공께 있습니까? 이른 바 편안하다고 하는 것이 공께 있습니까? 또한 나에게 있습니까?" 벼슬아치가 기뻐하며 말하기를, "제가 하나를 물어 둘을 얻었습니다."

〈評釋〉

"스스로 경작하여 먹고사는 농부의 즐거움보다 더 큰 즐거움은 없다. 이 즐거움에 비한다면, 人民에게 책임을 지고 있는 권력자는 대단한 수고를 한다."라는 老農의 발언으로, 말을 타고 득의양양하고 있는 권력자를 비판한다.

《孟子》 滕文公章句上 第四 神農之言者許行章 가운데 전한다. "故曰 或勞心 或勞力 勞心者 治人 勞力者 治於人 治於人者 食人 治人者 食於人 天下之通義也(그렇기 때문에 마음으로 수고하는 사람은 남을 다스리고 힘으로 수고하는 자는 남에게 다스림을 받거니와 남에게 다스림을 받는 자는 남을 먹여 살리고 남을 다스리는 자는 남에 의하여 먹여지는 것이 천하의 공통된 이치이다.)" 정신노동자는 육체노동자를 지배해야 한다는 사상이다. 이것은 봉건시대의 일반적인 사고방식이었으나, 그는 이 통념에 반대하고 권력자를 비판한다.

〈注〉

· 蓑翁 – 학덕 있는 사람으로, 세상을 싫어하여 농사지으며 숨어사는 隱者이다. 이 은자의 전통은 채온의 실제 체험이 반영된 결과이기도 하고 그러한 전통을 숭상하는 학문의 전통에서

마련된 존재이다.

·紳人 – 紳士, 고위고관, 여기서는 관리.

2

林間有寺 簑翁負鋤而過其門 僧見之曰 老人負鋤不亦重乎 翁曰吾所負者鋤也 豈謂之重 僧所負者物也 其重無窮 何不捨物而負鋤 僧不能應

숲 사이에 절이 있었는데, 사옹이 가래를 짊어지고 그 문 앞을 지나가게 되었다. 승려가 이를 보고 말하기를, "노인께서 가래를 짊어지고 가는 것이 또한 무겁지 않습니까?"하니 사옹이 말하기를, "내가 지고 있는 바가 가래인데, 어찌 무겁다고 하십니까? 스님께서 지고 있는 것은 物이니 그 무겁기가 한량없습니다. 어찌 物을 버리고 가래를 짊어지지 않습니까?" 스님이 대꾸하지 못했다.

〈評釋〉

스님이 사옹이 지고 있는 가래를 무겁다하여 동정을 나타내지만, 사옹은 스님이 지고 있는 「物」이 무한히 무겁다고 한다. 그런 무거운 物을 버리고 가벼운 「가래」를 지라고 거꾸로 스님을 동정하고 直言을 한다.

〈注〉

物 – 外物, 客觀, 《大學》 一章에 〈格物而後致知〉라고 한다. 朱子學

에서는 物은 外物이고, 객관이다. 마음 바깥에 있는 사물을 인식 대상으로 설정했음으로 이를 인식하는 수단으로 講學이 강조된다. 이와 달리 陽明學에서는 物이 주관이고, 사고의 대상이 되는 心性이 된다. 어찌되었든 스님은 객관, 주관의 만물理에 통하지 않으면 그 짐은 무겁다. 心卽理와 性卽理하고 하는 대립적 개념이 여기에서 산출된다.

3

獄吏捕得二民 拷究甚嚴 簑翁問曰 二民何罪 吏曰一民燒房屋而盜財 一民掠婦女而行淫 其心極惡 其罪非輕 翁嘆曰二民是本心明且正矣 惜一旦爲氣所觀而受罪如此 吏問如何 翁曰燒房屋盜財 掠婦女行淫 彼二民者昭昭知其爲非 昭昭知其爲惡 夫昭昭知之者 此非心明且正而何哉 又自能勉强 所以燒房盜財 掠婦女行淫者 此非爲氣所觀而何哉

옥리가 백성 둘을 잡아서 혹독하게 고문을 하자, 사옹이 묻기를 "두 백성은 무슨 죄를 지었습니까?"라고 하였다. 옥리가 말하기를, "한 사람은 집에 불을 놓고 재물을 훔쳤고, 다른 한 사람은 부녀자를 약탈해서 음탕한 짓을 했습니다. 그 마음이 극히 악하고 그 죄가 가볍지 않습니다."라고 했다. 사옹이 탄식하며 말하기를, "그 두 사람의 본심은 맑고 또한 바릅니다. 애석하게 하루아침에 기에 끌린 바가 되어서 이와 같이 죄를 지었습니다."라고 했다. 옥리가 묻기를 "어찌해서 그와 같습니까?"라고 했다. 사옹이 말하기를, "집에 불을 내고 재물을 훔치는 것이나, 부녀자를 약탈해서 음행 한 것을, 저 두 백성이 소상하게 그 잘못되었음을 알고, 소상하게 그 악함을 아는 것입니다. 대저 죄를 소상하게 아는 것은, 마음이 밝고 또한 바른 것이 아니고 무엇이겠습니까? 또한 스스로 능히 강한 것에 힘써서 집에 불을 놓고 재물을 훔친 것이나, 부녀자를 강탈해서 음행을 저지른 까닭은 기에 의한 바가 아니고 무엇이겠습니까?"라고 했다.

〈評釋〉

옥리가 방화와 부녀자 강간죄를 범한 두 사람을 잡아서, 그 죄가 매우 무겁다고 했다. 사옹은 이에 대해서 "그 죄가 되는 것을 알면서도 죄를 범한다. 인간의 본성은 선하다. 악을 강행하는 사람은 없다. 이 두 사람이 감히 죄를 범한 것은 「氣」 때문에 본성이 억눌려져 있었기 때문이다."라고 해서 행위 이전의 본성 속에서 진실 된 인간성을 보라고 말한다. 그러면 이것은 어떻게 벌하는 지에는 소용되지 않고, 오직 관념의 논리로 자기만족을 하고 있다고도 할 수 있다. 이 사상을 발전시킨다면 형벌무용론이 되어, 敎化에 의한 인간 성화설을 주장하게 된다.

〈注〉

氣 – 《書經》에 〈人心은 이렇게 위험하고, 道心은 이렇게 微하다〉(虞書篇 大禹謨 人心惟危 道心惟微 惟情惟一 允執厥中)라고 한다. 氣란 人心, 감각적 욕망이다. 이뿐만 아니라 다각도의 개념으로 활용되는 것으로 정의하는 방법에 따라서 달라지는 것

을 볼 수 있다.

4

二士一僧 俱訪簑翁 見茅廬前有梅一株 花盛如雪 二士曰美哉美哉 翁曰眞美何在 一士曰在花 一士曰在眼 僧曰在心 翁曰三人曰 士也近拙 僧也近巧 皆非眞美 僧曰敢問 眞美何在 翁曰僞在于已言之後 誠在于未言之前

두 선비와 한 승려가 함께 사옹을 방문하였다. 띠집 앞에 매화나무 한 그루가 있었는데 꽃이 핀 것을 보고 두 선비가 말했다. “아름답도다. 아름답도다.” 사옹이 말하기를, “참다운 아름다움은 어디에 있습니까?”라고 했다. 한 선비가 말하기를, “꽃에 있습니다.” 또 다른 선비가 말하기를, “눈에 있습니다.” 승려가 말하기를, “마음에 있습니다.”하니 사옹이 세 사람에게 말하기를, “선비가 말한 것은 졸렬함에 가깝고 스님의 말은 공교로움에 가깝습니다. 모두 참다운 아름다움은 아닙니다.” 승려가 말하기를, “감히 묻습니다. 참다운 아름다움은 어디에 있습니까?” 사옹이 말하기를, “거짓은 이미 말한 뒤에 있고, 진실함은 말하기 전에 있습니다.”라고 했다.

〈評釋〉

두 선비와 한 스님이 사옹을 방문하여 집 앞의 눈처럼 아름다운 꽃을 보고 있다가, 사옹으로부터 꽃의 아름다움을 어떻게 생각하느냐고 질문 받는다. 한 사람은 아름다움은 꽃 그 자체에 있다, 다른 한 사람은 아름다움은 눈에 비치는 것 때문이다, 스님은 마음이 아름답다고 보기 때문이다. 라고 했다. 이에 대해 사옹은, "아름다움이 꽃 그 자체에 있다거나 눈에 비치기 때문이라는 선비에게는, 近拙(감각적이고 졸렬하다)이라 하고, 마음에 있다고 한 스님에게는 巧(지나친 생각이다)하다고 했다. 이에 대해서 사옹은 눈에 있는가, 꽃에 있는가 하는 인식은 불완전하다, 거짓이다, 아름다움의 진실은 감각적인 말이나 감관(感官)이라는 불완전한 것으로 표현할 수 없는 절대적인 것이다, 절대적인 것은 말로 표현하기 전, 悟性의 직관에 기대할 수밖에 없다"고 매우 까다로운 답변을 한다.

시마다겐지의 말처럼 주자학과 양명학, 불교 등은 서로 양보할 수 없는 내외의 갈등을 전개하였다. 성즉리로 표방되는 주자학을 비판하고자 하여 심즉리를 내세우고, 심즉리를 통하여 천하만물을 통일적으로 파악하는 지행합일을 내세웠다. 아울러서 치양지설에 이르는 진전을 꾀할 수 있었다. 양명학적 사유에서 항상 꽃에 대한 비유가 등장하곤 하는데 그것이 이처럼 이 대목에서도 문제점으로 등장한다.

〈注〉

僞는 이미 말한 후에 있고, 誠은 아직 말하기 전에 있다 – 중용의 〈喜怒哀樂이 아직 발하지 않는다. 이를 中이라 하고, 발하여 節에 맞는 것을 和라고 한다〉(喜怒哀樂之未發謂之中 發而皆中節謂之和–《中庸》一章)는 말을 근거로 한 까다로운 표현을 하고 있다. 희노애락 감정에 촉발되지 않는 인간 마음의 虛靜한 상태는, 우주의 마음에 통하는 것이다. 꽃의 아름다움도 우주의 마음의 표현이다. 우주 실재의 분기로서의 마음이 자각되어 비로소 우주 실재의 계시로서의 꽃의 아름다움을 안다.

5

少年之士 偶過簑翁茅廬 翁烹茶共語 士日吾有利劍一口 吾祖求之世傳至今 吾日拭一拭 未敢些怠 翁日除此劍外 別有世傳之寶也否 士日沒有 翁日此劍小寶也 世傳之寶唯汝之身也 何不日拭其身 士感而拜謝

나이 어린 선비가 우연히 사옹의 띠집을 방문했는데, 사옹이 차를 달이면서 함께 말을 하게 되었다. 선비가 말하기를, "제게 보검(利劍) 한 자루가 있는데, 저의 조상이 이를 구해서 대대로 전해서 현재까지 전하고 있습니다. 저는 매일매일 이 칼을 닦기를 감히 조금이라도 게을리 하지 않고 있습니다." 사옹이 말하기를, "이 검을 제외하고 별도로 대대로 전하는 보배는 없는가?" 선비가 말하기를, "없습니다."라고 했다. 사옹이 말하기를, "이 검은 작은 보물이다. 대대로 전하는 보물은 오직 네 몸이다. 어째서 그 몸을 날마다 닦지 않는가?" 선비가 느껴 절을 하며 감사했다.

〈評釋〉

利劍을 보배로 삼아 매일 닦고 청소하는 선비에게, "진실로 세상의 보배는 네 몸이고, 몸에 비한다면 칼은 小寶이다."라고 말한다. 〈신체발부를 부모에게 받았으니 감히 훼상시키지 않는 것은 효의 시작〉(身體髮膚 受之父母 不敢毁傷 孝之始也)이라는 《孝經》의 말에서 발상한 것이다.

〈注〉

· 何不曰拭其身 – 노옹이 時時勤拂拭을 강조하기 위해 반문하고 있다. 유가에서는 修身이며 불가에서의 漸修의 다름이 아니다.

6

松岩之側 二僧端坐 汲泉烹茶 簑翁偶過其前 一僧向翁曰 請坐俱語 翁曰吾野人也 無語可談 僧曰翁年已高 閱世事多 願語一話 翁曰夙興夜寢 送往迎來 今日又明日 其斯之謂歟 僧笑曰 此是妄境之語 何足聽焉 翁曰僧知我老 又笑我拙 夫知與笑 此是何境 且老與拙 亦是何境 僧不能答 一僧挺身曰 萬法歸一 汝亦知其一也否 翁曰口說之易 心得之難 是故世之爲僧者 皆能說之 然而口能說之 心不之得 則所謂一者 是隣家財寶 非我有 譬如瞽者相集 而評日月像光 豈可謂之信眼之見哉 僧喟然嘆曰 誠如翁言 口說之易 心得之難 吾爲僧三十余年 而佛經祖錄 妙言玄語 無書不讀 是故此身也 住居僧房 空口說之如流 此心也 依然不離俗舍 妄念日萌 貪名慕利 無所不至 吾今聽翁一言 如披雲霧而覩靑天 翁曰二僧似有習氣之病 苟有習氣之病 則于彼

我之間 必分好醜 好醜旣生 必有憎愛 憎愛旣生 必有取舍 苟有取舍 則僧所見者 恐爲法塵所拘 而去道甚遠 二僧喜曰 今始識得眞實病

솔바위 곁에서 두 승려가 단정히 앉아 샘에서 물을 길어 차를 달이고 있었다. 사옹이 우연히 그 앞을 지나가게 되었는데, 한 승려가 사옹을 향해서 말하기를, "청컨대 앉아서 함께 말씀을 나누었으면 합니다." 사옹이 말하기를, "나는 야인이니 함께 나눌 말씀이 없습니다." 승려가 말하기를, "사옹께서는 연세도 이미 높으시고 세상일을 경험한 바가 많으셨을 것이니 한 말씀해 주시기 바랍니다." 사옹이 말하기를, "일찍 일어나고 밤에 잠자고, 가는 것은 보내고 오는 것은 맞이하기를 오늘도 하고 또 내일도 합니다. 이것밖에 달리 할 말이 없습니다." 승려가 웃으며 말하기를, "이것은 망령된 지경의 말이다. 어찌 족히 들을만하겠는가?" 사옹이 말하기를, "스님께서는 나의 늙음을 알고, 또한 나의 졸렬함을 웃었습니다. 무릇 아는 것과 웃는 것은 어떠한 지경이라고 하겠습니까? 또 늙은 것과 졸렬한 것은 또한 어떠한 지경입니까?"하니 승려가 응답하지 못했다.

한 승려가 몸을 나서며 말하기를, "만법은 하나로 귀일되는데, 그대 또한 그 하나라는 것을 압니까? 모릅니까?" 사옹이 말하기를, "입으로 말하는 것은 쉬우나 마음에 얻는 것은 어렵습니다. 이런 까닭에 세상의 승려 된 자들이 모두 능히 말하나, 입으로 능히 그것을 말할 뿐, 마음으로 얻지 못하였습니다. 그런즉 이른 바 하나라고 하는 것은 이웃집의 재물과 보배이지 나에게 있는 것은 아닙니다. 비유컨대 장님들이 서로 모여서 일월의 형상과 빛을 평하는 것과 같으니, 어찌 가히 이것을 일러서 정말 눈으로 보았다고 할 수 있겠는가!" 승려가 탄식하며 말하기를, "진실로 공의 말과 같이 말하기는 쉬워도 마음을 얻기가 어렵습니다. 나는 승려 노릇을 30 여 년 하였는데, 불경과 조사들의 어록에 있는 현묘한 언어를 읽지 않은 책이 없었습니다. 이러한 까닭에 이 몸은 승방에 머물러 있었으나, 입으로 말하는 것이 공염불이 되어 흐르는 물과 같았습니다. 마음은 전과 다름없이 속가를 떠나지 못하고 망령된 생각이 날마다 싹텄습니다. 名利를 탐하고 사모함이 이르지 않은 곳이 없습니다. 제가 지금 사옹의 말씀을 들으니 운무를 헤치고 푸른 하늘을 보는 것과 같습니다." 사옹이 말하기를, "두 스님네가 흡사히 習氣之病이 있는 것 같습니다. 진실로 습기의 병을 가지고 있다면, 곧 그대와 나 사이에 반드시 호오가 나뉠 것입니다. 호오가 이미 생겼다면 반드시 증오와 사랑이 생겼을 것이고, 증오와 사랑이 이미 생겼다면 반드시 취함과 버림이 있을 것입니다. 진실로 취함과 버림이 있다면, 곧 승려의 소견이 법진에 얽매여서 도와의 거리가 심히 멀어질까 두렵습니다." 두 승려가 기뻐하며 말하기를, "이제야 비로소 진짜 병통이 무엇인지 알겠습니다."

〈評釋〉

尙淸王의 책봉사 陳侃의 使錄에, 일본의 茶道에 적합하다고 생각할 수 있는 点茶(抹茶를 달이는 일)가 巴覺寺에서 행해졌다는 기사가 있다. 본장에서도 松岩에서 두 스님이 단좌하여 차를 달이고 있다. 당시 승방의 생활은 이런 풍류였던가?

본장에서도 차를 달이는 스님을 설정하여, 그곳을 지나가던 사옹과의 문답형식으로 진행한다.

스님 : 노인의 인생경험에서 나온 교훈을 주십시오.

노인 : 일찍 일어나고 늦게 자는 평범한 생활로 오늘을 보내고 내일을 맞이했을 뿐이다. 말해 줄 것이 없다.

스님 : 그것은 들을 가치조차 없는 노인의 푸념이다.

노인 : 스님은 내 노령의 말을 졸렬하다고 한다. 그 知者인 체하는 비판의 근거를 듣고 싶다. 당신의 마음에는 교만함이 보인다.

이런 말을 들은 스님은 답변하지 못하고 화제를 바꿔, 萬法은 一로 돌아간다고 하는데, 一이란 무엇인가 하고 되묻는다.

노인 : 스님이 말하는 만법이 一에 歸한다는 것은, 말 자체로는 이해하기 쉽다. 마음으로 깨닫는 것은 어렵다. 마음으로 깨닫지 못하면 옆에 있는 보물도 아무 쓸모없다. 장님이 日月의 형태가 이렇다, 빛은 어떻다라고 하는 것과 같은 것으로, 실체를 알지 못한다.

스님 : 나는 승려가 되어 30년간, 불교 불전, 석가의 가르침, 교리의 깊은 의미를 쓴 책은 모두 읽었다. 그래도 마음의 깨우침이 열리지 않는다. 浮世의 망념이 마음의 깨달음에 방해가 되었다. 명예이익을 쫓아 다녔다. 노인이 말하는, 마음으로 깨우칠 수 없다면 옆에 있는 보물도 자신의 것이 되지 않는다는 것을 깨달았다.

노인 : 名利에 사로잡히면 좋아하는 것을 사랑하고, 싫어하는 것을 미워하는 차별감정이 생긴다. 차별감정에서 적과 아군이 만들어진다. 利欲에 사로잡히면 불법의 가르침을 곡해해서, 부처의 참뜻에서도 멀어진다.

이렇게 맺고 있다. 이상의 대화 속에서 노인의 말은 蔡溫의 대변이다. 노인의 말로 두 스님이 비로소 진실이 무엇인가, 진실을 좇는 것이 무엇인가 알았다고 한다. 이 문답 속의 자득이 蔡淵에게 있었는지, 관념적 설득이었는지, 일단은 비판적인 시점도 필요하다.

〈注〉

· 佛教祖錄 – 불교경전, 석가의 가르침.
· 習氣 – 氣는 人欲, 天理에 대한 말.
· 法塵 – 불전을 一에 집착해서 해석하여 오히려 참뜻을 읽었다. 法의 곡해.
· 萬法歸一 – 기독교에서 사랑, 불교에서 자비, 유교에서 仁이라고 표현하는(用) 차이가 있으나 본체는 하나이다. (萬法歸一 一歸何處는 禪宗의 話頭 가운데 하나로 여러 선사들의 공안이나 화두로 쓰여서 이름을 얻은 것 가운데 하나이다. 《趙州錄》에 등장하는 말씀 가운데 하나이다.)
· 夙興夜寢 送往迎來 – 일반적으로 夙興夜寐로 많이 사용된다. 새벽에 일어나고 밤에는 늦게 잔다는 뜻으로 부지런히 일을 하거나 학문을 닦음을 이른다. 여기서는 문면 그대로 아침 일찍 일어나고 밤에는 잠자리에 들고 가는 이는 보내고 오는 이를 맞아들인다는 의미로 해석하여 노인의 자연스럽고 이치에 맞는 생활을 표현한 것으로 보인다.
· 挺身 – 솔선하여 앞으로 나아가거나 빠져나감을 가리키는데 여기서는 후자의 뜻에 가깝다. 簑翁의 말에 대꾸를 할 수 없게 된 승려가 화제를 바꾸며 취한 태도로 볼 수 있다.

7

士語簑翁曰 翁之爲人 其非儒而兼佛歟 翁笑曰佛行儒行 天地懸隔 若兼爲之 豈謂之儒 豈謂之佛 夫佛與儒 雖大異而治其心一也 故吾逢僧則談心術之要 亦逢士民則談德行之要 總要使他解惑修身而已矣 豈有儒而兼佛之方耶

선비가 사옹에게 말하기를, "사옹의 사람됨은 유학자이면서 불가를 겸하고 있는 것이 아닙니까? 사옹이 웃으며 말하기를, "불교의 행적과 유가의 행적은 하늘과 땅처럼 현격한 차이가 있으니 만일에 이를 겸했다면, 어찌 儒라고 일컬으며, 어찌 佛이라고 일컫겠습니까? 대저 유가와 불가는 비록 크게 다르지만 그 마음을 다스림은 하나입니다. 그렇기 때문에 내가 승려를 만나면, 곧 심술의 요체를 말하고, 또한 선비를 만나면 덕행의 요체를 이야기합니다. 모두의 요체는 다른 사람으로 하여금 의혹을 풀고 몸을 닦게 하는 데 있을 따름입니다. 어찌 유가이면서 부처를 겸하는 방법이 있겠습니까?"라고 했다.

〈評釋〉

노인은 "유교와 불교를 겸해서 수양하고 있는가?"라고 선비가 묻자, 儒와 佛은 天地差라고 한다. 그러나 그 마음을 수양한다는 점에서는 양쪽 모두 같다. 그러므로 나는, 스님에 대해서는 心術(마음의 깨우침, 면벽 7년하고 깨우침을 연다는 마음의 수행)에 대해서 말하고, 유교도덕을 지키는 선비에게는 덕행(부모에게 孝, 임금에게 忠, 長幼有序라는 일상의 行)에 관해서 말한다. 어느 쪽이든 유는 유의 가르침으로, 불은 불의 가르침으로 미혹함을 풀고, 몸을 수행하려고 한다. 수양방법이 다르므로, 유불을 동시에 겸해 수양할 수 없다.

이상에서 보면, 佛을 배격하지 않는 蔡溫은 儒를 취하면서 佛을 겸해야 한다고 한다. 양명학은 주자학파에서 보면 표면은 儒이지만 이면은 佛이라 비난받지만, 蔡溫에게서도 容佛的 태도를 볼 수 있다.

〈注〉

신유학과 불교의 비교 - 유학과 불교는 전혀 상이한 차원의 학문인 것은 만고에 드러났다. 둘 다 중세보편주의종교의 성격을 지니고 있지만 유구국에서는 서로 공존하기도 하고 갈등하기도 하였다. 채온은 양명학적 사고를 하고 있으므로 불교, 유교, 양명학 등의 관점을 비교하는 일을 하기도 하였으며 위의 문면은 그것을 반영한 결과이다. 유학 가운데 주자학과 양명학은 서로 깊은 비교되는 유학의 내부 분열 결과이다. 주자학은 객관적 관념론이고, 양명학은 주관적 관념론이어서 성즉리를 주자학에서 내세우고, 이와 달리 심즉리를 양명학에서 드러낸다. 물론 이에 대하여 상이한 견해도 있으니 가령 시마다겐지(島田虔次)의 《朱子學と陽明學》에서 그러한 관점이 명료하게 드러나기도 한다. 채온은 불교와 양명학의 공통점을 인정하면서도 심을 공통적으로 내세우는 점에서 인정하기도 하고 부정하기도 한다.

8

簑翁偶過僧寺 僧戲曰農也身勞耕田 僧也身逸念經 汝不知逸勞乎 翁曰農僧本一 逸勞非二 僧亦知之否 僧勃然曰 汝着草簑

吾穿法衣 霄壤維異 汝勿妄言 翁曰草簑卽法衣 法衣卽草簑 夫草簑與法衣 其有異乎 僧手擧棒曰 此身死後 此心何在 翁曰此身未死 此心何在 僧乃語塞 翁曰僧未忘僧 故道與法分而不一 僧能忘僧 則道與法一而不分 是之思見之要旨也 須能參究 而知僧農非二

사옹이 우연히 절을 지나가게 되었다. 승려가 희학질을 하며 말하기를, "농군은 몸을 힘써 밭을 갈고, 승려는 몸을 편안히 해서 염불합니다. 그대는 편안함과 힘듦을 알지 못합니까?" 사옹이 말하기를, "농자와 승려는 본디 하나입니다. 편안함과 힘듦은 둘이 아닙니다. 승려는 또한 이것을 아십니까? 모릅니까?" 승려가 발끈하여 말하기를, "그대는 풀옷과 도롱이를 입었고, 나는 법의를 입었습니다. 하늘과 땅만큼이나 격차가 있어 벼리가 다르니, 그대는 망령되이 말하지 마십시오?" 사옹이 말하기를, "초사가 곧 법의요, 법의가 곧 초사입니다. 대저 초사와 법의는 다름이 있습니까?" 스님이 손으로 방(몽둥이)을 들며, "이 몸이 죽은 뒤에 이 마음은 어디에 있습니까?" 사옹이 말하기를, "이 몸은 아직 죽지 않았는데, 이 마음은 어디에 있습니까?" 스님은 이에 말문이 막혔다. 사옹이 말하기를, "스님이 스님을 잊지 못한 까닭에 도와 법은 나뉘어져 하나가 아니며, 스님은 능히 스님을 잊을 수 있어야 곧 도와 법은 하나이어서 나뉘지 않습니다. 이것이 생각하고 보는 것의 요지가 됩니다. 모름지기 참구하면 승려와 농사꾼이 둘이 아님을 알 수 있습니다."

〈評釋〉

《반야심경》에 色卽是空, 空卽是色이 있다. 色은 즉 현상계(形있는 것)는 없어지는 가공의 존재이다. 形있는 자를 空으로 볼 때, 정신의 자유를 되찾아 비로소 形있는 자의 참된 존재의의를 알 수 있다고 한다. 본래는 無一物이라고 볼 때에 스님도 농부도 하나라고 하면, 形있는 곳의 차별에 얽매일 때에는 스님과 농부에게는 차별이 있다. 그러나 空으로 볼 때에는 가사도 도롱이도 동일하다. 노인은 스님이며, 차별에 얽매였을 때에 스님이 위대하고, 농부는 열등하다는 속념이 생긴다. 그것을 버리라고 설득한다. 세계는 空으로 볼 때에 그렇게 본 마음의 주체는 세계에 보편하는 것을 잡을 수 있다. 마음이 어디에 있는가하는 노인과 스님의 문답도 의미를 찾을 수 있다.

이 장에서 볼 때, 蔡溫은 불교에 관해서도 이해가 깊었음을 알 수 있다. 그가 琉球館의 이웃에 있던 浦泉寺에서 모든 經 중에서 읽어야 할 것은 모두 읽었다고 자서전에 한 말에 의거하면, 깊은 불교의 이해가 있었음을 추측할 수 있다.

9

二民訪簑翁 一民日吾父生于貧家 幼時失父其苦旣極 漸至壯年然後稍富 敢問 保財之方如何 翁卽寫足故不足 不足故足八字 與之日 凡人之情 當豊裕時 則漸就奢而不自覺 當貧衰時 則力就儉而不苟怠 汝生涯間 須能舍奢而就儉 是此之行 不譽保財 乃修身之要務也 一民日吾亦請敎 吾祖稍富 至父漸貧 吾愈

受貧 如之何則可 翁曰貧富雖命 而勤怠分于其間 竊想 汝祖勤多怠小 汝父勤小怠多 至汝愈怠不勤 蓋此故也 故雖富家 心受怠病 則家風日衰 終至噬臍 亦雖貧家自勵自勤 則家風漸興 終得豊裕 噫呼 勤者萬吉之本 怠者萬凶之本 汝當能思焉

두 백성이 사옹을 방문했다. 한 백성이 말하기를, “저의 아버지는 가난한 집에서 태어나셨습니다. 어릴 적에 아버지를 잃어 그 괴로움이 극심하였는데, 점차 장년에 이른 연후에 점점 부유해졌습니다. 감히 묻사오니, 재산을 보존하는 방법은 어떻게 해야 하는 것인가요?” 사옹이 곧 ‘족한 것이 부족한 것이요, 부족한 것이 족한 것’이라는 여덟 글자를 썼다. 그리고 이것을 주면서 말하기를, “凡人의 情은 풍요로운 시절에 당하면 점차 사치함에 나아가나 스스로 깨닫지 못하고, 가난하고 쇠퇴한 시절에 당하면 검소함에 힘써 잠시도 게으름을 피우지 않습니다. 그대는 생애동안 모름지기 능히 사치함을 버리고 검약함에 나아가야 할 것입니다. 이것을 행하는 것은 재물을 보호하는 것을 명예롭게 여겨서가 아니라 바로 몸을 닦는 중요한 임무입니다.” 한 백성이 말하기를, “저도 또한 가르침을 청합니다. 저의 할아버지는 점차 부유해졌으나, 나의 아버지 대에 이르러 점점 가난해졌습니다. 저는 가난함을 물려받은 것을 치료하고자 하니 어떻게 하면 가능하겠습니까?” 사옹이 말하기를, “빈부는 비록 운명이지만, 근면하고 게으름이 그 사이에서 나누어진다. 그윽이 생각하니 그대의 할아버지는 근면함이 많고 게으름이 적었고, 그대의 아버지는 근면함이 적고 게으름이 많았습니다. 그대에 이르러서 더욱 게으르고 근면하지 않았으니, 대개가 이러한 때문이다. 그러므로 비록 부유한 집이라도 마음이 게으른 병을 물려받는다면, 곧 가풍이 날로 쇠락할 것이고, 마침내 후회해도 소용없는 것에 이르게 될 것입니다. 또한 비록 가난한 집일지라도 스스로 격려하고 스스로 근면하면, 가풍이 점차로 일어나서 마침내 풍요로움에 이를 것입니다. 아아, 부지런한 것은 萬吉의 근본이요, 게으른 것은 萬凶의 근본이니 마땅히 그대들은 능히 생각해야 할 것이다."

〈評釋〉

凡人의 情, 가난할 때는 검소하고 근면하지만, 부유해지면 사치하고 게을러진다. 어떤 경우에도 근검하게 되는 것이 재물을 유지하는 길인데, 修身의 法도 그러하다. 또 다음 절에서는, 勤이 많으면 富하고, 怠가 많으면 貧하니 그런 勤은 萬吉의 근본이고, 怠는 萬凶의 근본이라고 맺는다.

〈注〉

· 足하므로 부족하고, 부족하므로 足하다. – 충족할 때에도 부족한 생활, 즉 검약해라. 부족한 생활 중에도 만족스런 것을 찾아내어 생활해라.
· 竊想 – 저 혼자 가만히 여러 모로 생각함을 이른다. 그윽하게 생각한다는 뜻이다.
· 噬臍 – 후회해도 소용없다. '噬臍莫及'이라고 하여 배꼽을 물어뜯으려 해도 입이 닿지 않는다는 뜻에서 일을 그르친 뒤에는 후회하여도 소용없다는 말이다. 일설에는 사람에게 쫓기어 궁지에 빠진 노루가 그 배꼽의 향내 때문이라고 해서

배꼽을 물어뜯으려 해도 이미 때는 지났다는 데서 유래하였다. 《春秋左傳》 莊 楚文王伐申 過鄧 鄧祁侯曰 吾甥也 止而享之 騅甥 聃甥 養甥請殺楚子 鄧侯弗許 三甥曰 亡鄧國者 必此人也 若不早圖 後君噬齊 其及圖之乎 圖之 此爲時矣 鄧侯曰 人將不食吾餘 對曰 若不從三臣 抑社稷實不血食 而君焉取餘 弗從 還年 楚子伐鄧 十六年 楚復伐鄧 滅之 [초나라 문왕이 申國을 토벌하러 갈 때 鄧나라를 지나니, 등나라 기후(鄧祈侯)가 "나의 생질이다."고 하고서 초문왕을 맞이하고 연회를 베풀어 접대했다.

이 때 추생. 담생. 양남이 초문왕을 죽이라고 요청하였으나, 등후가 허락하지 않았다. 그러자 삼남이 말하기를, "등나라를 칠 자는 반드시 초문왕일 것이니, 만약 일찍 도모하지 않는다면 앞으로 君께서는 크게 후회하실 것입니다. 그러니 이때에 도모하소서. 도모하려면 지금이 바로 그 때입니다."라고 하니, 등후가 말하기를 "내가 초문왕을 죽인다면 사람들은 내가 먹다 남긴 음식도 먹지 않을 것이다."고 하였다. 그러자 세 사람이 대답하기를 "만약 저희 세 신하의 말을 따르지 않으신다면 나라가 망하여 사직이 제사를 받지 못할 것인데, 임금님께 무슨 남길 음식이 있겠습니까?"라고 하였으나, 등후는 듣지 않았다. 신나라를 토벌하고 돌아오던 해에 초문왕은 등나라를 토벌하였고, 노장공(魯莊公) 16년에 초문왕이 다시 등나라를 토벌하여 멸망시켰다.]

10

參學之士 問簑翁曰 老者佛者 各尊其祖以爲四海之師 敢問其亦然乎 翁曰大抵垂敎者之謂師 受敎者之謂弟子 由此觀之 四海之人皆受儒敎則 儒是四海之師也 士曰老莊佛氏之徒 視儒業如泡露 豈肯受儒敎耶 翁曰老莊佛氏 亦儒門之人也 唯私竊有爲 而不務全修此則而已矣 故儒家之人 指老莊佛氏叫他家 士曰請詳領誨 翁曰天地初闢 人物並生 當此時也 殆與獸無異 旣而天皇始制干支定歲月 燧皇始用火烹 古皇始搆屋廬 太皇始食五穀 軒轅始着衣裳 蒼頡始制文字 此類尤多 指弗勝屈 皆古聖賢 順天修則 而儒家之祖也 自爾而來四海之內 雖曰他家之輩 皆能遵之 皆能學之 不敢負聖人所敎矣 然則往古來今 四海之內 孰非儒敎之內之人哉

학문하는 선비가 사옹에게 물어 말하기를, “노자와 불자는 각각 그들의 宗祖 또는 開祖를 높혀서 사해의 스승이라고 합니다. 감히 묻건내 그러한지요?” 사옹이 말하기를, “대저 가르침을 주는 사람을 스승이라 이르고, 가르침을 받는 자를 제자라 이릅니다. 이로 말미암아 살펴보건대 사해의 사람이 모두 유가의 가르침을 받은 것인즉, 유가야말로 사해의 스승입니다.”라고 말했다. 선비가 말하기를, “노자, 장자, 불씨의 무리들은 유가의 학업을 보기를 마치 물거품과 아침 이슬처럼 보는데, 어찌 유교의 가르침을 받는 것을 수긍하겠습니까?” 사옹이 말하기를, “노장 불씨는 또한 유가의 사람입니다. 오로지 사사로이 有爲에 있어서 온전하게 이 법칙을 닦는 것에 힘쓰지 않을 따름입니다. 그렇기 때문에 유가의 사람은 노자, 장자, 불씨를 가리켜 다른 가문이라 소리를 높입니다." 선비가 말하기를, "모두 상세하게 깨우쳐 주시기를 청합니다." 사옹이 말하기를, "하늘과 땅이 처음 열렸을 때에, 人物이 함께 생겨났으며, 그 때에는 금수와 거의 다름이 없었습니다. 천황씨가 비로소 干支를 제정하고, 歲月을 정했고, 수황씨가 비로소 불을 써서 익혔으며, 고황씨가 비로소 집과 여막을 얽으셨으며, 태황씨가 오곡을 먹기 시작했고, 헌원씨가 비로소 옷을 입었으며, 창힐씨가 비로소 문자를 제정했습니다. 이러한 부류는 더욱 많았으며, 지목해서 다 말할 수 없습니다. 모든 옛 성현들이 하늘을 따르고 법칙을 닦아서, 유가의 조종이 되었습니다. 그러한 이래로 사해의 안에는 비록 他家의 무리라 말할지라도 모두 능히 따르며, 모두 이를 배우며, 감히 성인의 가르침을 저버리지 않았습니다. 그러니 예나 지금이나 사해의 안에는 누가 유가의 안에 있는 사람이 아니라고 하겠습니까?"라고 말했다.

〈評釋〉

학문 연구하는 선비가 노인에게 물었다.

學 – 노자를 교조로 하는 도교, 석가를 교조로 하는 불교는 각기 그 開祖를 최고의 師라고 하는데, 그래도 되는가?

翁 – 종교를 시작한 자는 師이고, 이것을 믿는 자는 제자이다. 제자는 교조를 최고의 師라고 생각할 것이다. 四海 사람들이 유교를 믿으면, 유교를 시작한 사람이 四海의 師이다.

學 – 노자·장자를 교조로서 그 教를 믿는 도교신자들은, 유교를

졸렬하다고 한다. 유교를 믿지 않는다.

翁 – 도교신자, 불교신자도 역시 유가의 밖으로 나갈 수 없다. 부모에게 효라는 유교의 가르침을 일상적으로 행하면서 그것을 자각하지 않는 것이다. 그러므로 유교의 무리는 도교, 불교의 무리를 분파라 부를 따름이다.

學 – 분파라고 부르는 이유를 가르쳐 주시오.

翁 – 천지가 열리고, 인간이 짐승과 똑같은 생활을 하고 있었을 때엔 천황이 처음 십간과 십이지를 制定하고 일 년 열두 달을 정했다. 燧皇이 불을 발견, 화식법을 가르쳤다. 古皇이 집 짓는 법, 太皇이 농업을 가르치고 오곡을 수확했으며, 軒轅이 옷 입는 법을 가르치고, 蒼頡이 문자를 발명했다. 이 신화 속에 나오는 신들이 유교의 開祖이다. 이런 은혜는 정통 유학자도 분파인 도교, 불교의 사람들도 모두 받아들인다. 그러므로 天下人은 그 믿는 자가 정통인가, 분파인가의 차이는 있으나, 누구라도 유교의 은혜를 받고 있는 점에서는 유교 내의 사람이다. 이상의 문답을 통해서 蔡溫은 군신, 부자, 부부, 붕우라는 인간관계를 중시하는 유교의 실천윤리는 이 세상의 최고 가르침이라고 생각한다. 이 세상 사람은 신앙의 여하를 묻지 않고 모두 부모이고 자식이며, 남편이고 아내이다. 그러므로 일상적으로는 오륜오상(五倫五常)의 밖에 나올 수 없다고 생각한다. 그 의미는 누구든 유교를 믿는 자라는 것이다. 일상의 부모·자식·형제 관계를 중시하여 규정한 실천윤리를 최고 가르침이라고 하는 유학자의 생각에서 오는 독단이고, 채온도 이 독단을 피할 수 없었다.

〈注〉

· 天皇, 燧皇, 古皇, 太皇, 軒轅, 蒼頡 – 이상 모두 중국신화 시대에 등장하는 여러 가지 신들의 이름이다.

· 指弗勝屈 – 손으로 꼽을 수 없을 만큼 많다.

11

大家子弟兩三人 乘肥馬衣輕裘 洋洋踽踽 而有矜色 簑翁見之曰 危哉危哉 路人曰彼生大家 又善騎馬 任心漫遊 何危之有 翁曰汝亦危哉 路人曰彼危何在 我危何在 翁曰汝靜聽焉 萬事萬物 興之甚難 敗之甚易 蓋大家祖父 盡心竭力 漸積忠功而興大家 其勞極重 其名最高 奈彼子弟 籍祖父資蔭 奢華是好漫遊是務 歲月易移 天命不常 是此漫遊 非危而何 汝亦慕之 是此妄念非危而何

대가의 자제 두 세 사람이 살찐 말을 타고, 가벼운 갖옷을 입었는데, 의기양양하고 느긋하였으며, 얼굴에 긍지로운 빛이 있었다. 사옹이 이를 보고서 말하기를, "위태롭고 위태롭도다."하니 길 가던 사람이 말하기를, "저 사람들은 대갓집에서 태어나, 또한 말 타기를 잘하고, 임의롭게 만만하게 노는데, 어찌해서 위태로움이 있다고 하십니까?" 사옹이 말하기를, 그대 또한 위태롭도다." 길 가던 사람이 말하기를, "저들의 위태로움은 어디에 있으며, 저의 위태로움은 어디에 있습니까?" 사옹이 말하기를, "그대는 고요하게 들으라. 만사만물은 흥기하기는 매우 어렵고, 패퇴하기는 매우 쉽다. 대개가 대가의 조부는 충심 갈력해서 점차로 충공을 쌓아서 대가를 일으켰으니, 그 힘씀이 극히 무겁고, 그 명예가 최고에 이르렀다. 어찌 저들의 자제들은 조부들의 음덕을 입고서, 사치와 호사를 즐기고 난만히 노는 데 힘쓰는가? 세월은 쉽사리 옮겨가며 천명은 영원하지 않거늘, 이렇듯 난만히 노니 위태롭지 않고 어떠한가? 그대 또한 이를 흠모하니, 이러한 망녕된 생각이 위태롭지 않다면 어떠한가?"

〈評釋〉

大家의 자제 세 사람이 輕裘를 입고 말을 타고 의기양양하게 걷고 있었다. 이것을 보고 노인이 위험하다고 비난한 것에 대해서, 신분 있는 자제라서 승마에도 익숙하다, 위험한 것은 전혀 없다고 반박하는 자가 있다. 이에 대해 노인이 너도 위험한 생각을 하고 있다며, 다음과 같이 설득한다.

> 대가의 신분은 선조가 충효의 공덕을 쌓고 쌓아서 오른 것이다. 이것을 입고 선조가 쌓아 올린 資를 헛되이 쓰는 것은 위험하다. 세월은 흘러가고 천명도 정해진 바가 없다. 이런 상황변화를 생각해서 戒心하지 않는 것은 위험하다. 그 天理를 모르는 그대도 위험하다. 라고 처세 윤리를 평범하게 풀어서 들려준다.

〈注〉

· 輕裘 – 가벼운 가죽옷, 乘肥馬衣輕裘 《論語》 〈雍也〉

· 洋洋踽踽 – 느긋하게 혼자 걷는 모습

12

一僧問簑翁曰 儒家除却習氣之方如何 翁曰言忠信行篤敬 只賴此句而除習氣耳 僧曰此是漸修之法 何不力求徹悟 翁曰登高自卑 行遠自邇 此修學之序也 僧曰悟心既圓 命根既斷 則習氣自然消泯 何必除習氣爲 譬如伐樹者既斷其根 則枝葉雖存 不日消落矣 翁曰纔聞法言 頓斷命根者 如英明上等之人可也 然而英明上等之人則萬億人中 唯有一兩輩耳 世間畢竟 中下人多而機器亦不同 若舍漸修 强以躐等 則下等之人 力做中等工夫中等之人力做上等工夫 苟用工夫如此則障礙自生 麤執愈固 恐有墮于邪僻而不自覺者 僧雖學佛 實亦人也 豈無生質之弁耶僧慨然無言 翁曰夫心也者 至靈至妙 故雖愚鈍之人 耳既聞之則心小應 如見如得 夫如見如得者 皆假焉而非眞也 今參學者往往以假爲眞 豈可謂之實學乎

한 승려가 사옹에게 물어 말하기를, "유가에서는 습기를 제거하는 방법이 어떠한 것이 있습니까?" 사옹이 말하기를, "말은 충성스럽고 신실하게 하고, 행동은 독실하고 공손하게 하는 것이다. 이 구절에 의지하면 다만 습기를 제거할 수 있을 따름이다." 승려가 말하기를, "이것은 점차로 닦는 방법이니, 어째서 철저한 깨달음을 힘써 구하지 않습니까?" 사옹이 말하기를, "높은 곳에 오르려면 낮은 곳에서부터 시작하고, 멀리 가고자 하면 가까운 데서부터 시작해야 한다. 이것이 학문하여 닦는 순서이다." 승려가 말하기를, "깨달은 마음이 이미 원융하고 생명이 이미 끊겼다면, 습기가 자연스레 소멸하거든 어찌 습기를 반드시 제거하려고 합니까? 비유하건대, 나무를 베는 사람이 이미 그 뿌리를 자르면, 가지와 잎사귀가 비록 여전히 남아 있을지라도 머지않아 낙엽이 지는 것과 같습니다." 사옹이 말하기를, "법언을 잠시 겨우 몇 마디 듣고 바로 생명을 끊는 것은, 영명한 상등인이나 가능하다고 할 수 있다. 그러나 영명한 상등인은 곧 만억인 가운데 오로지 한 둘의 무리가 있을 따름이다. 세간에는 필경 중등인과 하등인이 많고, 근기 또한 같지 않다. 만일에 점수를 버리고, 억지로 등급을 넘어 오르려고 한다면, 곧 하등인은 중등 공부하는 데 힘쓰고, 중등인은 상등 공부하는 데 힘쓸 것이다. 진실로 공부를 이와 같이 한다면, 장애가 저절로 생겨나서 성기게 집착함이 더욱 굳어지게 될 것이니, 사악하고 편벽됨에 떨어져 스스로 깨닫지 못할까 두렵다. 승려가 비록 佛을 공부한다고 하지만 실제로 또한 사람이니, 어찌 타고난 기질의 병폐가 없겠는가?" 승려가 개연히 말이 없었다. 사옹이 말하기를, "무릇 마음이라고 하는 것은 지극히 영묘한 것이기 때문에, 비록 우둔한 사람일지라도 귀로 들으면 마음이 조금이나마 응대하여 보는 것 같고 얻는 것 같다. 무릇 보는 것 같고 얻는 것 같음은, 모두 가짜이지 참된 것이 아니다. 오늘날의 학자는 왕왕 가짜로써 참된 것이라 하니, 어찌 가히 실학이라고 할 것인가?"라고 말했다.

〈評釋〉

유교는 宋시대에 理氣二元說을 낳았다. 宋 이전의 유학은 훈고, 해석학이었다. 송대에 와서 실천윤리에 사상적 요소가 더해서 관념론적인 방향을 선택했다. 유학이 송대에 이르러 관념론적, 형이상학적인 것으로 이론무장을 할 필요가 있었던 것은, 불교·도교의 공세에 대항하기 위해서였다. 그때까지는 이단으로서 불교, 도교를 배격했던 것이, 나아가 佛理, 특히 선종 이론을 연구하여 이것을 유교에 도입했다. 이것이 宋學의 二氣二元說이다. 인간의 性에는 천리를 받아들인 본연의 性과, 육체가 있으므로 육체의 영향을 받은 기질의 性이 있다. 천리를 받은 性은 純粹至善이다. 기질의 性은 外物에 접촉해서 편벽될 때가 있다.

본 장에서는 스님이 노인에게 習氣(습관으로 비뚤어진 기질)를 없애는 방법은 어떤지 물은 것에 대해서, 말을 낼 때에는 충신, 행위는 존경을 지키는 것이라 한다. 이에 대해 스님이, 이런 방법으로는 매일 언행을 이런 잣대로 재면서 수행하므로 오랜 시간이 걸린다, 한번에 頓悟하는 방법이 없는가 하고 묻는다.

노인 : 높은 곳에서 낮은 곳부터 오르고, 먼 곳에는 가까운 곳부터 걸어가야만 한다. 習氣를 없애는 것도 순서를 쌓아가지 않으면 안 된다.

스님 : 깨달음을 열고 命根(감각적 욕망)을 끊는다면 習氣는 곧 없어진다. 根을 끊는다면, 당장 나뭇잎도 나무도 마르는 것과 같다.

노인 : 불법을 듣는 것만으로 이런 깨달음을 여는 것은, 만, 억인 중에 한 사람, 英明한 사람이나 가능하다. 세상에는 凡人이 많다. 下等人은 中等人, 中等人은 上等人이 되려고 조금씩 수양할 따름이다. 이렇게 차츰차츰 수양하지 않고 하루아침에 깨닫는 방법을 취한다면, 凡人은 邪道에 빠진다. 당신도 부처의 가르침을 배워도, 인간이라 生身의 제약을 받아 하루아침에 깨달을 수는 없다.

心은 至靈至妙하니 범인이라도 불법의 理를 듣고, 눈으로 보면 관념적으로는 안다. 보고 듣는 것으로 아는 것은 마음 알게 되는 것으로 관념적 이해에 그친다. 관념이라는 가공의 것이고, 진실로서 경험하여 아는 것이 아니다. 아는 것은 행하여 비로소 眞知가 된다. 行이라는 사실이 결여되어 있다. 지금의 학자는 행위를 수반하지 않는 관념론에 미혹되어 있다. 言은 忠信, 行은 篤敬이라는 사실의 축적임을 잊고 있다.

〈注〉

· 言忠信, 行篤敬 – 《논어》에 "子曰 言忠信 行篤敬"이라고 하였다. 비록 蠻貊의 나라에서도 행할 수 있다. 言忠信하지 않고 行篤敬하지 않으면 비록 州里에서도 비록 행할 수 없다.

· 힘써 노력하여 徹悟를 구해야 한다. – 달마가 면벽 9년으로 깨쳤듯이, 禪家에서 좌선으로 깨달음을 구하는 공부를 하지 않는가?

翁曰登高自卑 行遠自邇 此修學之序也

《中庸》 15장 "君子之道 辟如行遠必自邇 辟如登高必自卑"

유가철학은 일상적인 삶의 형태를 긍정하면서 그 속에서 인간 존재의 본질을 추구해 들어가는 방법을 취한다. 부모에게 효도하고 형제에게 우애 있게 지내며 처자에게 자애로와야 한다고 하는 현실적 삶을 긍정하면서 부정적으로 나타나는 모습들만을 극복하는데 애쓴다. 이에 반해 불가에서는 이것이 고뇌의 원인이므로 근본적으로 부자, 형제, 부부 등의 인간관계에서 벗어나고자 한다.

13

一民縛而行 步步叫苦 獄卒怒目叱焉 簑翁顧而嘆曰 世俗之人大概如此 吾亦被縛久 雖頃日得釋 尙未忘索 獄卒問曰 未見翁被縛 何以云然 翁曰世俗之人 知此身受縛 而不知此心受縛 是故攻氣工夫不嘗用之習氣日增 妄念日生 或爲色所縛 或爲財所縛 或爲勢所縛 或爲術所縛 此類尤多指不勝屈 是皆縛心之麻索也 人能攻氣 解得此索 如鳥飛空而毫無所牽繫 如龍出海而毫無所障礙 時有一僧 偶聞此語 欣然喜曰 吾嘗參禪 旣及二十余年 奈妄念如草 掃了復生 參了復起 豈非未嘗攻氣之故乎 翁曰然

한 백성이 오랏줄에 묶여 가면서 걸음마다 괴로움으로 절규하니, 옥졸이 사나운 눈으로 꾸짖었다. 사옹이 돌아보며 탄식해서 말하기를, "세속의 사람은 대개 이와 같다. 나 또한 오랏줄에 오랫동안 묶인 바 되었었다. 비록 근래에 풀려남을 얻었으나, 오래도록 나는 오랏줄을 잊지 못하고 있다." 옥졸이 물어 말하기를, "사옹이 줄에 묶인 바를 보지 못하였는데, 어째서 그렇게 말합니까?" 사옹이 말하기를, "세속의 사람들은 이 몸이 묶인 바는 알지만, 이 마음이 묶인 바는 알지 못한다. 이런 까닭에 기를 다스리는 공부를 일찍이 쓰지 않으면, 습기가 날로 증가하니, 망념이 나날이 생겨 혹은 색에 묶인 바가 되고, 혹은 재물에 묶인 바가 되고, 혹은 권세에 묶인 바가 되고, 혹은 술수에 묶인 바가 된다. 이러한 부류가 더욱 많아서 손가락으로 꼽을 수가 없다. 이것은 모두가 마음을 묶는 삼줄인 것이다. 사람이 능히 기를 다스려서 이 줄을 벗어나면, 마치 새가 공중을 날되 조금도 이끌어

묶이는 바가 없는 것과 같으며, 마치 용이 바다에 나오되 비늘이 막히는 바가 없는 것과 같다." 이 때 한 승려가 있어서 이 말을 우연히 듣고 흔연히 기뻐하며 말하기를, "내가 일찍이 참선한 것이 이미 이십 년입니다. 어찌하여 망념은 풀과 같아 소제하면 다시 생겨나고, 참선을 마치면 다시 일어나니 이 어찌 일찍이 기를 다스리지 않은 까닭이 아니겠습니까?"라고 말했다. 사옹이 말하기를, "그렇다."고 했다.

〈評釋〉

옥졸이 죄인을 묶어 연행하는 예를 들어서, 노인이 자신도 이처럼 묶였다가 석방되었으나, 오랏줄을 잊을 수 없다. 세속인은 육체는 묶여 있지 않으나 마음이 묶여 있다. 기질인 욕망을 억누르지 못하면 색욕, 재물욕, 권력욕, 명예욕에 속박되어, 권모로써 이를 얻으려는 욕망에 사로잡힌다. 이러한 기질 욕망에 묶인 줄을 풀어야 한다. 이 줄에서 해방되면 새가 하늘을 날 듯, 용이 바다를 다님이 하늘을 날 듯 자유롭게 된다. 이것을 스님이 듣고, 자신은 참선을 20여 년 넘게 했으나 망념이 잡초처럼 일어났다, 기질 욕망을 억누를 수 없었기 때문이라고 노인에게 말하자, 노인도 그렇다고 한다.

〈注〉

· 習氣 – 앞서 설명했듯이 習俗氣質이다. 여기서는 세간적인 출세욕, 명예욕까지 부정한다. 薩摩 지배로 인해 고개를 들 수 없는 상황에서는 권력을 갖고 재력을 가져도 마음의 자유는 얻지 못했다. 하늘을 나는 새의 자유를 구하기 위해 그 당시 사회에서 도피하는 것이 좋지 않을까 라고 그는 생각

했던 것이다. 그러나 그는 결코 권력을 떠나지 않았다.

14

簑翁與士人 俱至山寺 見松陰間 老僧烹茶獨飮 傍若無人 士進而揖曰 賓來僧何無禮 僧曰誰爲賓誰爲主 何爲禮 何爲無禮 士曰來者卽賓 坐者卽主 僧曰夫來與坐 豈有異乎 夫主與賓 豈有二乎 士不能答 翁曰僧僧士士 士士之言聞于四隣 僧僧之言 寂然無聽 僧顧而笑

사옹이 선비와 더불어서 함께 산사에 이르렀다. 소나무 숲 사이에서 노승이 차를 달여 홀로 마시고 있는데 곁에 사람이 없는 듯 여기는 태도였다. 선비가 나아가 읍하여 말하기를, "빈객이 왔는데도 스님은 어찌 예의가 없습니까?" 승려가 말하기를, "누가 손님이고 누가 주인입니까? 무엇이 예의이고 무엇이 무례입니까?"라고 했다. 선비가 말하기를, "온 사람이 곧 손님이고, 앉은 사람이 곧 주인입니다." 승려가 말하기를, "대저 오고 앉은 것이 어찌 다름이 있으리요! 무릇 주인과 손님이 어찌 둘이리요?" 선비가 능히 답변하지 못했다. 사옹이 말하기를, "승려는 승려답고, 선비는 선비다워야 한다. 선비가 선비다운 말은 사방에서 들을 수 있지만, 승려가 승려다운 말은 고요해서 들리는 바 없구나."하니 승려가 돌아보고 웃었다

〈評釋〉

노인과 선비가 山寺에 갔다. 스님은 내방자를 무시하고 혼자 차를

달이고 있다. 선비가 그 빈객을 무시한 무례를 따졌다. 스님은 빈객, 주인이라는 형식적 예의를 비웃었다. 형식적 의례는 세속적으로는 대인관계의 윤활유이다. 도덕적 질서이다. 이것을 비웃는 스님은 속인으로부터 오만불손하다고 미움을 사지만, 그러나 노인은 말한다. 스님은 스님이고, 선비는 선비이다. 선비의 발언은 四隣의 동의를 얻을 수 있는 큰 소리이다. 스님은 말은 조용하고 소리를 내지 않으나, 진리가 진리를 사랑하는 자, 속세간을 부정하는 자에게는 들리는 것이라고 평한다. 노인도 스님이 소리로 내지 않은 진의를 알았다고 해서 서로 눈과 눈으로 黙契를 나타냈다.

15

隣人問簑翁曰 如何是聖人之道 翁曰受敎于天而修此則之 謂聖人之道 私竊好事而缺此則 便是他家之流也 隣人曰是何謂也 曰往古聖人 始明五倫 始定四民者 皆非私竊爲之 乃所受敎于天而修此則者也 古人嘗謂 有物必有則 夫則者天之所敎 而不可私竊爲之 亦不可私竊缺之也 隣人曰聖人定夫婦而重父子 佛氏子他人而不娶妻

何其相反如此 翁曰天地間 唯人爲貴 夫黎庶中 有男有女 聖人能修此則 而正婚嫁 婚嫁旣正而父子立 此天之所敎 非聖人私竊好事也 隣人曰士農工商 均是人也 何其聖人 分定此人以爲四民 曰春夏秋冬 謂之四時 天運四時而生萬物 聖人定四民而治萬事 此天之所敎 非聖人私竊好事也 汝靜思焉 汝有耳目

而善聞見 豈汝私竊之所爲耶 汝有身體而用食物衣服房屋等類 豈汝可私竊缺之哉 此皆天之所教 而聖人順天治世之則也 隣人喜日 接物治事之則 吾今聞之 若夢初醒 敢問此道玄奧處如何 翁日此道玄奧處無言可說 夫無言可說者 儒老佛氏一也

이웃사람이 사옹에게 물어 말하기를, "어떻게 하는 것이 성인의 도입니까?" 사옹이 말하기를, "하늘에서 가르침을 받아 이 법칙을 닦는 것을 일컬어서 성인의 도라고 하고, 사사로이 일을 좋아해서 이 법칙을 빠뜨리는 것을 바로 타가의 부류라고 한다." 이웃사람이 말하기를, "이것은 무슨 말입니까?" 사옹이 말하기를, "옛 성인이 비로소 오륜을 밝히고, 비로소 四民을 정한 것은 모두가 사사로이 한 것이 아니라, 곧 하늘에서 가르침을 받아서 이 법칙을 닦은 것이다. 옛 사람이 일찌기 말하기를 物이 있으면 반드시 법칙이 있다. 대저 법칙이라고 하는 것은 하늘의 가르치는 바이니 가히 사사로이 해서는 안 되고, 또한 사사로이 빠뜨려서도 안 된다." 이웃하고 있는 사람이 말하기를, "성인이 夫婦를 정하고 父子를 중하게 여깁니다. 불씨는 타인을 자식처럼 여기고 아내를 취하지 않으니 그 상반됨이 어찌 이와 같습니까?"라고 말했다. 사옹이 말하기를, "천지간에 사람이 오직 귀하고, 무릇 백성들 사이에 남자가 있고 여자가 있다. 성인이 능히 이 법칙을 닦아 장가들고 시집가는 것을 바르게 했다. 혼인하는 일이 이미 바르게 되니, 부자의 윤기가 서게 된다. 이것은 하늘의 가르치는 바이니, 이는 성인이 사사로이 하는 일이 아니다."라고 말했다. 이웃사람이 말하기를, "士農工商은 모두 같은 사람입니다. 어찌 그 성인이 이 사람을 나누어 정해서 사민으로 했습니까?"라고 말했다. 사옹이 말하기를, “춘하추동을 四時라고 하고, 하늘이 사시를 움직여서 만물을 생겨나게 한다. 성인이 사민을 정해서 만사를 다스리니, 이는 하늘의 가르치는 바이지, 성인이 사사로이 좋아해서 하는 것이 아니다. 그대는 고요히 생각하라. 그대는 耳目이 있어서 듣고 보는 것을 잘한다. 어찌 그대가 이것을 사사로이 살펴 하는 것이겠는가! 그대는 신체가 있어서 음식물을 먹고 옷을 입으며 집에 거처하는 등등을 하는데, 어찌 그대가 사사로이 빠뜨릴 수 있겠는가! 이것은 모두가 하늘의 가르침이니, 성인이 하늘을 따라 세상을 다스리는 법칙인 것이다.” 이웃사람이 기뻐하며 말하기를, “물에 접하고 일을 다스리는 법칙을 지금에야 들으니, 마치 꿈을 꾸다 처음 깬 것 같습니다. 감히 묻건대 이 도의 오묘현처는 어떠한 것인가요?” 사옹이 말하기를, “이 도의 오묘현처함은 가히 말로써 설명할 수 없으니, 대저 가히 말로 설명할 수 없는 것은 儒老佛이 하나이다.

〈評釋〉

聖人의 道(유교)에 대해 가르침을 받고 싶다고 이웃이 노인에게 말한다. 노인은 다음과 같이 설한다.

> 大地의 법칙(大理)에 따르는 것이 聖人의 道이다. 天理를 따로 하고 머리 속에 생각한 이치를 따르는 것이 他家의 道(분파의 가르침, 불교, 도교)이다.

천지개벽한 옛날에 五倫을 밝히고, 四民을 정했다. 머리로 생각해 낸 것이 아니라, 천지자연의 도에 따른 것이다. 古人이, 物이 있으면 名이 있고, 名이 있는 곳은 법칙(道)이 있다고 했다. 이 법칙은 만들어지는 것도 아니고, 사라질 수 없는, 천지자연이 부여한 것이다.

이웃사람 : 유교는 부부의 도리를 정하고, 부자 혈통을 중시하게 되었다. 불교에서는 혼인을 금하고, 남의 아이를 양자로 삼아 그 대를 잇는다. 유불에 왜 이런 차이가 생기는가?

노인 : 천지간에 귀한 것은 인간이다, 인간에는 남녀가 있다. 聖人은 남녀의 도리를 정하고, 결혼제도를 정했다. 결혼제도가 생겨서 부모 자식간의 도리가 생긴다. 이 부자, 부부의 도리는 천리이어서 성인이 내게 만들어내도록 한 것은 아니다.

이웃사람 : 士, 農, 工, 商이라는 四民의 차별을 만든 것은 어떤 이유에서인가?

노인 : 춘하추동은 四時라 한다. 四時가 운행하여 사물이 생긴다. 四民이 정해져서 萬事가 다스려진다. 이것은 천리에 따르는 일로 성인인 내 마음으로 만든 것이 아니다. 눈과 귀가 있어서 보거나 들을 수 있다. 이것은 자연히 할 수 있는 일로 내가 할 수 있는 것이 아니다. 인간은 신체가 있으므로 먹고 입는 住居가 있다. 이것도 자연의 소관이지 나의 소관이 아니다. 이것은 天의 가르침이고 聖人은 이 천리에 따라가며 세상을 다스리는 것이다. 이것이 유교의 법칙이다.

이웃사람 : 人物에 접하는 도리, 정치를 행하는 도리를 깨닫고 꿈에서 깬듯하다. 이 天理의 깊은 道, 理를 묻고 싶다.

노인 : 천지자연의 법칙, 즉 성인의 도가 깊은 도리는 불완전한 말로는 표현할 수 없다. 표현할 수 없는 깊은 哲理는 유교, 불교, 도교 모두 같다.

〈注〉

· 五倫 – 君臣有義, 父子有親, 夫婦有別, 長幼有序, 朋友有信

· 四民 – 士農工商
· 物有必則 – 氣에 따라서 만물이 생긴다. 만물에는 그 物을 성립시키는 理致가 있다. 즉 법칙이 있다.
· 道의 玄奧 – 思議를 끊는 깊은 哲理.
· 말로 설명할 수 없는 것은 儒老佛 모두 같다. – 三教의 본체는 모두 불완전한 말로는 표현할 수 없다. 표현할 수 없는 본체는 三教 모두 같다. 포교의 방편으로서의 응용이 다를 뿐이다.

16

一士屢訪簑翁 翁曰 吾觀汝之爲人 不爲酒色所縛 不爲榮利所縛 此誠士節之大要也 然爲惡惡所縛 爲好善所縛 此汝之所未免也 士曰請承誨焉 曰接物臨事 有些所辟 是亦被縛也 士喜曰 如切如切磋 如琢如磨 其斯之謂歟

한 선비가 자주 사옹을 찾아오니 사옹이 말하기를, "내가 그대의 사람됨을 살피니 주색에 얽매이지 않고, 영리에도 얽매이지 않으니 이는 신실로 선비 절행의 큰 요체이나. 그러나 악을 미워하는 데 얽매이고 선을 좋아하는 데 얽매였으니, 이것은 그대가 아직 면하지 못한 바이다." 선비가 말하기를, "깨우침을 받들길 청합니다." 사옹이 말하기를, "處事接物함에 있어서 조금이라도 편벽됨이 있으면 이 또한 속박되는 것이다."라고 했다. 선비가 기뻐하며 말하기를, "절차탁마라고 하는 것이 이러한 것을 이르는 것이군요."라고 했다.

〈評釋〉

친교가 있는 선비에 대해서 노인이 다음과 같이 함축적이고 깊은 교훈을 말한다.

노인 : 당신의 인품은 주색과 명예, 이익에 유혹되지 않는 선비로서는 훌륭한 절의가 있다. 그러나 惡은 해서는 안 된다는 교훈적인 말에 사로 잡혀서 惡을 하지 않는 자신을 팔아먹는 것은, 악을 하지 않는 자신을 자랑삼게 된다. 또 선인임을 내보이기 위한 善人인 체한 행동을 과시하는 것은, 이 역시 선행을 수단으로 하여 자신을 팔아먹는 일종의 이기주의이다. 당신에게는 그런 자기 과시 수단으로서 선을 좋아하고 악을 미워하는 하는 선택이 보인다.

선비 : 진정한 선악의 방법을 알려주시오.

노인 : 조금이라도 피해서 행하지 말아라. 사람의 눈을 의식해서 피해서는 안 된다. 순수한 마음으로 일을 행하는 것이 좋다.

선비 : 切磋琢磨라는 말의 의미를 알 수 있는 가르침이다.

〈注〉

· 誨 – 그곳에서 말로 가르치다.

· 切磋琢磨 – 세공인이 뼈, 구슬을 자르거나 갈아서 세공하는 것처럼 학문과 수양을 닦는 데 전심하는 것을 비유하는 말. 如切如磋 道學也 如琢如磨 自修也 《大學》

17

簑翁閒坐 一僧尋來而談曰 孔子謂予欲無言 端木氏亦有聞於

文章之外 此則我佛超人越天之實法 而窮理盡性之實學也 由此論之 則先覺所謂 三敎一理不亦宜乎 然而儒家立紀綱 興禮樂布政法 設賞罰 而衆生束於儒典 執着名相 則名相之區 緐爲桎梏之地 豈聖人撫世之本意哉 翁笑曰 天竺衆生 皆爲釋氏耶 中國衆生 皆爲聖賢耶 夫衆生之爲生 雖受天性之德 而形生神發各趨於欲 就善最難 若不約以防之 恐去禽獸不遠 是故聖人因時勢察人情 爲之說仁義 布政敎 正風俗 安兆民 此古今不易之通道 而天下不可一日無吾儒者 蓋此故也 然則所謂 三敎一理者 體之謂也 用豈無異 僧曰儒所謂體 同於我佛所言之體 儒所謂用 異於我佛所言之用 翁曰然 苟語上則體處 復有體用 此體此用 非英明之人 不可得而聞也 吾儒屢說平常 而語上尤稀 老莊佛氏動輒語上 而不苟倦 嗚呼 天下衆生豈皆英明之人哉 英明之人世有幾人 若舍衆生敎幾人 豈聖人撫世之本意哉

사옹이 좌중 사이에 있는데, 한 승려가 찾아와 이야기하며 말하기를, "공자가 이르기를 '나는 말이 없고자 한다'고 하였고, 端木氏 역시 '문장의 밖에서 듣는 것이 있다'고 했다. 이것은 곧 우리 불교가 사람과 하늘을 초월하는 실법이며, 이지를 궁구하고 성품을 다하는 실학이라는 것이다. 이로 말미암아 논하자면, 즉 선각자들이 이른 바 '유·불·도 삼교가 하나의 이치이다'라고 하는 것은 또한 마땅하지 않은가? 그러나 유가는 기강을 세우고, 예악을 일으키며, 정법을 펴고, 상벌을 설정하여 중생을 유가 경전에 속박되게 했으며, 명(名)과 상(相)에 집착하게 했다. 그런즉 명상의 구분이 도리어 질곡의 바탕이 되었으니, 이것이 어찌 성인이 세상을 어루만지는 본뜻이겠는가!" 라고 말했다. 사옹이 웃으며 말하기를, "천축의 중생은 모두 석씨인가? 중국의 중생은 모두 성현인가? 대저 중생의 생이 되는 것은, 비록 천성의 덕을 받았을지라도 형체가 생겨나고 신명이 발하여 각기 욕망에 마음이 쏠리게 됨에, 선에 나아가는 것이 가장 어렵다. 만약 단속함으로써 막지 않는다면 금수에로 감이 멀지 않게 될까 두렵다. 이러한 까닭에 성인이 시세로 말미암아 인정을 살펴 이를 위하여 仁義를 말하고 정교를 펴며, 풍속을 바르게 하고, 억조창생을 편안하게 하였다. 이것이 예나 지금이나 바뀌지 않고 통하는 도리이다. 그래서 천하는 하루라도 우리 유학이 없을 수 없다는 것이니, 대개가 이러한 이유 때문이다. 그러나 이른 바 삼교가 하나의 이치라는 것은 體를 말함이니, 그 작용은 어찌 다름이 없겠는가!"라고 했다. 승려가 말하기를, "유가에서 본체라고 하는 바가 우리네 불교에서 말하는 바의 본체와 한 가지이다. 유가에서 말하는 작용이라고 하는 것은 우리네 불교에서 말하는 바의 작용과 다르다."라고 했다. 사옹이 말하기를, "그러나, 진실로 上을 말하면 그 본체가 있는 곳에는 다시금 體用이 있다. 이 본체와 작용은 영명한 사람이 아니면, 가히 얻어들을 수 없다. 우리네 유가는 자주 평이하고 일상적인 것을 말하여, 上에 대해 말하는 것은 아주 드물다. 노장불씨는 걸핏하면 上에 대해서 말하여, 진실로 지치지 않는다. 오호라, 천하중생이 어찌 모두가 영명한 사람이겠는가! 영명한 사람이 세상에 몇이나 있겠는가? 만약에 중생을 버리고 몇 사람을 가르친다면 어찌 성인이 세상을 어루만지려는 본뜻이겠는가!"라고 했다.

〈評釋〉

공자는 향당의 회합에서는 겸손하고 발언도 조심스러우며 자기를 드러내려 하지 않았다. 端木도 문장에서 자기선전을 하지 않았다. 이 두 사람은 말과 글을 부정하는 점에서 같다. 동시에 천리에 따라 인간의 性을 궁구하는 실천적 태도가 된다. 이제 생각하면, 佛, 道, 儒는 본체는 하나로 돌아간다는 선각의 말은 지당하다. 유교에서 綱紀(도덕)를 정하고, 예의, 음악, 상벌을 정하고, 人民에게 강요, 신분사회를 만들었다. 오륜 오상의 名相(신분사회)을 만들어 명리를 추구하는 일에 얽매여, 인민의 자유를 빼앗는 것은 공자의 本意에 반하는 것이다.

翁 – 인도의 인민은 모두 석가가 아니다. 중국의 인민은 모두 공자가 아니다. 인민은 덕성은 있으나 인욕에 이끌린다. 善을 다하는 것은 어렵다. 여기에 도덕적 제약을 하지 않으면 금수와 같아진다. 그래서 공자는 인리 도덕을 가르치고, 정치풍토를 바르게 하여 인민을 편안케 했다. 이것은 영원히 변하지 않는 진리이고 하루라도 인의의 도리를 없앨 수 없다.

三教一理는 本體는 하나이지만 작용이 다르다. 그 작용의 차이로 인해 三教에 차이가 생겨난다.

이상 사옹의 설득으로 깨달았다는 스님에 대해 다시 설득을 계속한다.

翁 – 上(형이상, 哲理)을 말하는 것은, 본체를 말하는 것이다. 그 본체를 가르치는 방법이 작용이다. 본체와 작용은 영명한 사람이 아니면 이해할 수 없다 그러므로 유교에서는 본체를 설하지 않는다. 대중을 상대로 한 일상 실천윤리를 설한다. 불교에서는 어려운 철학과 그 깨우침을 설하지만, 중생은 이것을 이

해하지 못한다. 통탄스런 일이다. 대중을 버리고 소수의 영명한 사람을 상대로 하는가.

· 予欲無言 – 《論語》鄕黨第十. 下學하여 上達하다. 下(세간사)를 배워서, 上(天理)을 통한다. (《論語》憲問篇). 아직 生을 모르는데 어찌 死를 알겠는가. (《論語》先進第十一). 이상과 같이 공자는 본 장에서 말하는 「上」(형이상의 哲理)을 말하지 않고, 오로지 下學(실천 윤리)을 설하고 있다. 佛에서 말하는 직관으로 형이상의 깨우침을 열지 않고, 또한 말하지 않는다.
· 超人越天法 – 세간을 무상하다고 보고 깨닫는 것.
· 端木氏 – 성은 端木, 名은 賜, 字는 子貢, 공자 제자 중에서 재산 늘리는 데 능한 사람.
· 名相 – 五倫五常의 명분을 세우는 사회, 신분사회.

18

一士二僧 同尋簑翁 翁烹茶款待 士人日或謂 佛書內典 儒書外典 斯然也否 翁黙然不應 一僧日佛舍名相 專務入性 故日內典 儒執名相 專學此則 故日外典 翁又黙然不言 一僧日 名相卽事物也 理在心而不在事物 夫事物之則 乃此理妙應之影 因事物而受其名者也 譬如月在天而影移于水上矣 夫影者忽然變遷全無實體 故謂之空 儒家執着名相 專搜其影 而此心此身 縛於儒典 猶受桎梏之苦 豈不謬哉 若吾釋之學則不然 吾釋之學在于巴

悟此心 悟心旣巳 命根旣斷 恍如明月在天 而無半点雲氣 無物不照 無事不燭 何必區區爲搜影學則之勞哉 翁嘆日 僧學釋氏實亦釋氏之罪人也 釋氏隨處隨時 乃不得已 務爲權巧設施 若處中國 說經世法 釋氏卽周公孔子也 豈舍事物之則 而不顧焉哉 夫天地萬物間 唯人爲貴者 專學此則之故也 蓋理外無敎 敎必歸理 是故則之爲則 合而言之 仍歸一理 分而言之 何止千萬 是則天下古今之所以共學而不可缺者也 僧之所謂 無物不照 無事不燭者 乃唯稱此心之靈妙耳 所謂事物之則 雖聖賢之人 尙且學之況凡夫乎 僧試思之 寫字布句 乃文藝之則也 其悟而知耶 亦學而知之耶 衣冠進退 拜佛接賓 乃禮交之則也 其悟而知之耶 亦學而知之耶 干支歲月 舟車器械等類 皆有名相之則 其悟而知之耶 亦學而知之耶 大凡人之處世也 日用事物之則 不可須臾離焉 然而人情之慾 一氣之惑 或因事而生 或因物而起 天下衆生 往往爲慾惑被敝而不勝其憂 是故釋氏乃有舍名相等語 此要使衆生禁斷慾惑而已 其實乃權巧之語 豈實舍事物而不顧焉哉 若舍事物而不顧焉 則居無屋廬 身無衣服 口無烹飪 面目四體 雖似人身 何以得立於世哉 又若語上 則此理玄玄處 本無內外 本無根塵 百丈所謂 迴脫根塵者 是亦未忘根塵之語 何足貴焉 今世之人 知學釋氏而不知釋氏垂敎度衆之本旨 翻任妄意 强逞憶見 或評內典外典 或指名以爲桎梏 或說此則 如影而在理外 此豈釋氏垂敎度衆之本意哉 此豈可謂學釋之人哉

한 선비와 두 승려가 함께 사옹을 찾아가니, 사옹이 차를 달여 대접했다. 선비가 말하기를, "혹자가 이르기를, 불서는 內典이라 하고 유서는 外典이라 하는데, 이것이 그러합니까? 그렇지 않습니까?"하였다. 사옹은 잠잠히 응답하지 않으니, 한 승려가 말하기를, "불교는 名과 相을 버리고, 오로지 性을 깨닫기에 힘쓰는 까닭에 내전이라 하고, 유교는 명과 상에 집착해서 오로지 이 법칙을 배우고자 하기 때문에 외전이라 한다."고 했다. 사옹이 또한 침묵하며 말하지 않자 한 승려가 말하기를, "명상은 곧 사물이다. 이치는 마음에 있지 사물에 있지 않다. 대저 사물의 법칙은, 곧 이러한 이치가 묘하게 응한 그림자이다. 사물로 인하여 그 이름을 받게 된 것이다. 비유컨대 달이 하늘에 있어서 그 그림자가 물 위에 옮긴 것과 같다. 무릇 그림자라고 하는 것은 문득 변천해서 온전한 실체가 없는 까닭에 空이라 일컫는다. 유가는 명상에 집착해서 오로지 그 그림자를 찾을 뿐이니 이 마음과 몸이 유가경전에 속박되어 오히려 질곡의 괴로움을 받으니 그것이 어찌 그릇된 것이 아니겠는가! 우리 불가의 학문은 그렇지 않다. 우리의 불교 학문은 이 마음을 원융하게 깨닫는 데 있으니, 깨달은 마음이 이미 원융하고, 명과 근이 이미 끊어지면 황홀하여 마치 밝은 달이 하늘에 있는 것과 같아서 반점의 구름의 기운도 없으니 비추이지 않은 物이 없고, 비추이지 않은 일이 없다. 어찌 반드시 구구하게 그림자를 찾고 법칙을 배우는 수고를 하는가!"라고 말했다.

사옹이 탄식하여 말하되 "스님은 석씨를 배웠으나, 진실로 또한 석씨의 죄인이다. 석가는 장소와 때에 따라 이에 부득이하게 권교의 말씀을 베풀기에 힘썼으니, 만일에 중국에 거처했다면 경세법을 말했을 것이다. 석가는 곧 주공과 공자이다. 어찌 사물의 이치를 버리고 돌아보지 않았겠는가! 무릇 천지만물 가운데 오로지 사람이 귀한 것은 오로지 이 이치를 배우는 까닭이다. 대개 이치밖에 따로 가르침이 없고, 가르침은 반드시 이치에 귀결된다. 이런 까닭으로 법칙이 되는 것이다. 합하여 말하면 하나의 이치로 귀결되고, 나누어 말하면 어찌 천만에 그치겠는가? 이 이치는 천하 고금에 함께 배워서 가히 빠뜨릴 수 없는 까닭인 것이다. 한 스님이 이른바 '비추지 않은 物이 없고 밝히지 않은 일이 없다'고 하는 것은 곧 오로지 이 마음의 영묘함을 일컫는 것일 따름이다. 이른바 사물의 법칙은 비록 성현일지라도 오히려 또한 배우는 것이니 하물며 범부임에랴! 스님은 시험 삼아 이를 생각해보시오. 글자를 베껴서 구절을 퍼뜨리는 것은 곧 문예의 법칙이다. 그것은 깨달아 아는 것인가, 또한 배워서 이를 아는 것인가? 의관을 갖춰 입고 나아가고 물러서며, 부처에게 절하고 손님을 접대하는 것은 곧 예교의 법칙이다. 그것은 깨달아서 아는 것인가, 또한 배워서 아는 것인가? 10간 12지와 세월을 적은 것, 그리고 배, 수레. 기계 등속은 모두 이름과 형체의 법칙이 있는 것이니, 그것은 깨달아서 아는 것인가 또한 배워서 아는 것인가? 무릇 사람의 처세는 일용사물의 법칙을 잠시라도 떠날 수 없다. 그러니 인정의 욕심과 하나의기의 의혹됨은 일로 인해 생기기도 하고 혹 사물로 인하여 일어나기도 하니, 전하 중생이 왕왕 욕망과 의혹에 가려 그 근심을 이기지 못한다. 이런 까닭에 석가가 곧 명상을 버리라는 등의 말을 한 것이다. 이것은 요컨대 중생으로 하여금 욕망과 의혹을 금하여 끊으라고 한 것일 따름이다. 기실은 곧 임의적으로 공교롭게 한 말이지 어찌 진실로 사물을 버리고서 돌아보지 않으라는 것이겠는가! 만일에 사물을 버리고 돌이켜 보지 않는다면, 거처함에 집이 없는 것이고, 몸에 의복이 없는 것이고, 입에 익힌 음식이 없는 것이어서 면목사체가 비록 사람의 몸과 같으나 어찌 세상에 능히 설 수 있겠는가? 또한 만약에 '上'을 말한다면, 이러한 이치는 깊고 그윽한 곳에 있어서, 본디 내외가 없고 본디 근진이 없는 것이다. 백장 스님이 이른바 '근진을 회향해서 벗어나고자 하는 것 자체가 또한 근진을 아직 잊지 못했다는 말이니, 어찌 족히 귀하겠는가. 今世之人은 석가를 배우려는 것만 알고 석가가 가르침을 내려 중생을 제도하고자 하는 본뜻은 알지 못한다. 도리어 망상에 맡겨서 억견을 굳세게 드러낸다. 그래서 혹은 내전과 외전을 평하고, 혹은 名을 지칭해서 질곡이라고 하고, 혹은 이 이치를 말하여 마치 그림자와 같아 이치 밖에 있다고 하니 이것이 어찌 석가가 가르침을 내려 중생을 제도하고자 하는 본뜻이겠는가? 이것이 어찌 가히 불교를 공부하는 사람이라고 말하겠는가?

〈評釋〉

名相(현세)에서 사람은 죽고 物은 없어진다. 자아에 사로잡히면 이 名相을 空으로 觀相하는 참된 지혜를 깨달을 수 없다. 자아를 버리고, 名相의 세상을 空으로 보고 해탈한 때에, 하늘에 있는 달이 실재이고, 물에 비친 그 그림자는 空임을 깨닫는다.

사물 내부에 있는 실재를 설하므로 불전을 內典이라 하고, 세간에 있는 事事物物의 법칙을 연구하므로 유교를 外典이라 한다. 이상과 같은 스님의 설법에 노인은 다음과 같이 반박한다. 스님이여, 당신이 배우는 經이나 글자, 문맥은 문장의 법칙이다. 이것을 空으로 볼 수 없다. 공부하여 비로소 깨닫는 것이다. 예의, 작법, 열두 달, 일 년의 경과, 舟車기관에도 법칙이 있다. 이것은 직관으로 깨달을 수 없다.

살기 위해서는 이런 物의 법칙을 배워야만 한다.

불교의 空觀은 인간의 욕망을 버리게 하기 위해, 석가가 방편으로 거짓을 꾸민 것이다. 살아있는 한 인간관계의 법칙을 버릴 수 없다. 이 세간적 법칙이 인간윤리이다. 인간의 윤리도덕은 천리에서 나온다. 그러므로 則(윤리도덕)은 총괄해서 말하면 하나의 天理이다. 이것이 인간도덕이 되면 千萬이나 나뉜다. 이것은 공부하여 비로소 알 수 있다. 스님이 말하는 만물을 비추는 것은 달처럼 마음 밖에 있는 것이 아니라, 인간의 영묘한 마음인 것이다.

세간 법칙이나 조직은 성인이든 현인이든 배워서 아는 것이다. 하물며 대중이야 공부하지 않으면 안 된다. 공부하지 않으면 마음은 욕망에 사로잡힌다.

그러므로 불교에서는 이 욕망을 버리게 하기 위해 세상사는 空이고 影이라고 꾸며서 깨닫도록 하는 것이다.

그러나 이 세상 사물을 버리게 되면 집에도 살지 않고, 의복도 입지 않고, 음식도 먹지 않아, 세상에 살 수 없다.

세상은 허망한 꿈이라고 空觀하는 것은 물질세계 밖에 있는 上(형이상, 실재론)에 대해 觀想하는 것이다. 古人이 "인간의 六根의 번뇌를 버리라는 것은 감각적 욕망을 버리라는 것으로, 六根마저 버릴 수는 없다."고 했다.

內典, 外典이라는 평언도 이상의 견해에서는 맞지 않다. 浮世의 명리가 인간을 얽맨다고 보는 나머지, 사람 생활의 법칙, 도덕의 법칙 질서를 허망한 것으로 보아 천리의 근본에서 벗어나려는 것은 석가의 가르침 그 본지를 달리 취하는 것이다.

이상의 문답으로 본 스님의 說問은 蔡溫 자신의 의문을 대변한다.

노인의 입을 빌려 변박하지만, 불교의 본지에서 어긋난 변박이라고 생각한다. 채온은 모든 경을 읽었다고 한다. 혹은 불교의 장점을 알고 있으면서 한층 유교 우위를 주장하는 게 아닐까 하는 생각마저 든다. 그것은 양명학 그 자체도 유교가 불교의 옷을 빌려 고쳐 만든 것이라고 하는 사람도 있기 때문이다.

〈注〉

· 權巧施設 – 거짓으로 꾸민 말.

· 命根을 초월한다 – 육체를 초월한다.

· 周公 – 孔子敎의 鼻祖, "子曰 甚矣吾衰也 久矣 吾不復夢見周公(참으로 매우 내가 늙었구나. 오래도록 주공을 꿈에서 보지 못했구나)"(《論語》 述而第七)라고 할 정도로 꿈에서까지 주공을 보고 그 遺敎를 완성하려고 항상 노심초사했다.

· 百丈 – 중국 승려 백장 회해.

· 根塵 – 六根에서 비롯된 욕망.

· 此則, 如影而在理外 – 則(사회법칙)은 實在 밖에 있는 假象이다.

19

山僧語簑翁日 吾飽看書 舍卑好高 自高而後妄念愈起 習氣愈增 頃纔覺之而悔無及 翁日參學者 須先知己而後用工 僧日如何 翁日僧之爲人 斯上品之人歟 亦中品之人歟 抑下品之人歟 自察自量 而後隨質用工 則妄念漸去 習氣漸消 而豁達之務 誠莫先焉

산승이 사옹에게 말하기를, “나는 책보는 것을 실컷하며, 비천한 것은 버리고 고상한 것을 좋아했다. 스스로 높은 곳에 이르렀다고 자만하여 망념이 더욱 일어나고 습기가 더욱 증가해서 잠깐 겨우 이를 깨달아도 후회가 미치지 않는다.” 사옹이 말하기를, “학문하는 자는 모름지기 먼저 자기를 알고, 뒤에 노력을 해야 한다.” 승려가 말하기를, “어떻게 해야 합니까?” 사옹이 말하기를, “그대의 사람됨이 上品의 사람인가? 또한 中品의 사람인가? 아니면 下品의 사람인가? 스스로 살피고 스스로 헤아린 뒤에 자질을 따라 노력을 하면, 즉 망념이 점점 제거되고, 습기도 점점 소진되니 깨달아 통달하는 것은 진실로 먼저됨이 없다.”고 말했다.

〈評釋〉

論語에 〈下學而上達〉이 있다. 下卑近事를 배우고 순서를 밟아 원숙하게 된다는 말이다. 그 極은 천명을 알고, 耳順하며, 矩를 넘지 않는 경지에 이름을 말한다. 蔡溫은 본 편의 여러 장에서 〈높은 곳에 오르려면 낮은 곳부터 시작하고, 먼 곳에 이르려면 가까운 곳부터 하라〉고 지적한다. 前章의 불교 비판도 불교가 인간의 목전에 있는 실천윤리를 따로 하고 高遠한 哲理를 깨우치는 것이, 현실을 떠나 있기 때문에 한 것이다.

여기에서도 스님에 대해서 직관적 哲理를 깨달을 수 있는 上等人이라는 인물론을 가져와서, 자기 자신의 인품에 적합한 수양방법을 선택하고, 차근차근 처음부터 上達(철리를 깨닫다)하라고 설한다. 논어에서는 〈帶를 내리지 않고 道가 있다.〉, 〈道는 가까운 데 있으니, 먼 데서 구하는 것은 잘못이다.〉라고 한다. 이처럼 道는 목전에 있으므로 눈 앞에 있는 것을 배우라고 설한다. 목전에는 군신, 부자, 부부, 장유, 붕유의 관계라는 주변 사람과의 인간 윤리가 있음을 지적한다. 이 가까운 곳을 공부하고 나서, 먼 곳에 미치라고 스님의 관념론에 대해 비판한다.

〈注〉

·頃日 – 요즘.

20

壯小之士 屢訪簑翁 翁曰汝知愛身乎 士笑曰雖鳥獸 皆知愛身 況爲人也 翁曰我歲四十而後纔知愛身 汝過我遠矣 士曰請安承教 曰天性之德莫大于仁 夫仁者卽忠孝之道者 所謂忠孝之道者 全在于愛身處 凡人實知愛身 則言爲好惡 些無慾惑 在國爲忠臣 在家爲孝子 向天靡恥 對人靡畏 如此等德 皆出于愛身之中矣 若言爲好惡 稍有慾惑則不可謂之愛身也 士慨然嘆曰 甚矣 愛身之難言也 願吾終身謹事斯語 翁曰所謂慾惑者 必生子于氣而果于心 汝須能察焉

씩씩하고 자그마한 선비가 자주 사옹을 방문하였는데, 사옹이 말하기를, "그대는 그대의 몸을 사랑할 줄 아는가?" 선비가 웃으며 말하기를, "비록 새와 짐승일지라도 모두 제 몸을 사랑할 줄 압니다. 하물며 사람이 되어서야겠습니까?"라고 하였다. 사옹이 말하기를, "나는

40세 이후에나 겨우 몸을 돌볼 수 있었으니 그대는 나보다 훨씬 뛰어났도다!"라고 했다. 선비가 말하기를, "바라건대 편안한 마음으로 가르침을 받고자 합니다." 사옹이 말하기를, "천성의 덕은 인보다 큰 것이 없으니, 대저 인이라고 하는 것은 충효의 도리이다. 이른 바 충효의 도리라고 하는 것은 모두 사람 몸을 사랑하는 곳에 있다. 凡人이 진실로 사람 몸을 사랑할 줄 아는 즉 好惡를 말하되 욕망과 의혹이 없어서 나라에 있어 충신이 되고, 집에 있어서 효자가 되고, 하늘을 향해 부끄러움이 없고, 사람을 대함에 두려움이 없게 된다. 이와 같은 덕은 모두가 몸을 사랑하는 가운데서 나온다. 만일에 好惡를 말하면서 점점 욕망과 의혹이 있게 된 즉 가히 몸을 사랑한다고 말할 수 없다."라고 했다. 선비가 개연히 탄식해서 말하기를, "심하구나. 몸을 사랑한다는 말의 어려움이여! 바라건대 나는 종신토록 삼가 이 말을 일삼고자 합니다."라고 했다. 사옹이 말하기를, "이른바 慾惑이라는 것은 반드시 氣에서 씨앗을 내서 마음에서 열매를 맺으니 너는 모름지기 잘 살펴야 한다."라고 말했다.

〈評釋〉

사옹은 40세가 되어 비로소, 몸을 사랑하는 것이 어떤 것인지를 알았다. 몸을 사랑하는 것은 欲, 惑을 목적으로 하는 행동을 그만두는 것이다. 欲惑은 氣에서 나온다. 客氣의 마음, 육체의 欲이 마음에 싹이 나서 자라면 靈妙한 마음이 사라지고, 몸을 망치게 된다. 그것을 40세에 알았다고 한다. 공자는 40에 惑하지 않았다고 한다. 이것을 염두에 둔 발언처럼 생각된다. 먼 곳에 가려면 가까운 곳부터, 높은 곳에 오르려면 낮은 곳부터라고 전장에서 설명했다.

〈注〉

· 氣 – 주자는 인성을 本性과 氣質로 이분하고, 본연의 性에서 보면, 聖人의 氣質은 청명하므로, 본연의 光은 조금도 어두워지지 않고 점점 맑게 빛난다고 했다. 이에 반해서 범인의 기질은 탁하기 때문에 본연의 광은 어두워진다고 한다. 기질의 성은 감각적인 것에서 생기므로 욕망의 근원이 된다. 본연의 성 즉 理로 이것을 억누르지 않으면 안 된다.

· 《論語》 爲政篇 子曰吾十有五而志于學 三十而立 四十而不惑 五十而知天命 六十而耳順 七十而從心所欲不踰矩

21

鄕人謂簑翁曰 論語唯酒無量不及亂 夫亂者豈非酗暴之謂乎 翁曰大概異常而不正者謂之亂 非必謂酗暴也 蓋治者國家之平常也 亂者國家之所異於平常也 是故往古來今 世俗之情以常爲樂 以亂爲憂 此天性當然之理也 奈何人飮醉時 面目異常 言語異常 手足異常 思慮異常 是則亂之擧動也 惜世俗之人 明知國家之有治亂 而不知此身之治亂矣 夫知國家之治亂 而不知此身之治亂者 乃爲俗習所惑故也 故雖聰敏之人 爲俗習所惑 則臨事接物間 左也正 右也邪 前也是 後也非 而不自悟者 往往有之 豈非此心之病而何哉 嗚呼 心者虛靈如鑑 本無些病 唯爲氣所敗 然後心受此病 是故古者志士義人 必以攻氣爲務矣

향인이 사옹에게 일러 말하기를, "《논어》에 오직 술을 마시는데 정해진 양이 없으나 난함에 이르지 않는다고 했습니다. 대저 난하다고 하는 것은 어찌 주정하며 사나워지는 것을 이르는 것이 아니겠습니까?" 사옹이 말하기를, "대개가 평시와 달라 바르지 못한 것을 난하다 하고, 반드시 술을 먹고 취한 것을 이르는 것은 아니다. 대개가 治라고 하는 것은 국가가 평상을 유지하는 것이요, 亂이라고 하는 것은 국가가 평상과 다름을 말한다. 이러한 까닭에 고금에 세속의 정이 평상으로써 즐거움을 삼고, 난함으로써 근심스러움을 삼았다. 이것은 천성의 당연한 이치이다. 사람이 마시고 취했을 때에 얼굴이 이상하고, 언어가 이상하고, 행동이 이상하고, 생각이 이상한 것은 어떠한가? 이것이 즉 난한 거동이다. 세속의 사람들이여 슬프도다. 국가에 치와 란이 있음을 밝게 알면서도, 이 몸의 치란이 있음은 알지 못하는구나. 대저 국가의 치란은 알면서, 이 몸의 치란은 알지 못하는 것은, 곧 이에 습속에 의혹된 바가 있기 때문이다. 그런 까닭에 총명하고 명민한 사람일지라도 속된 습기에 의혹된 바가 있으면, 즉 處事接物함에 왼쪽에 있는 것은 바르고, 오른쪽에 있는 것은 삿되다고 한다. 앞에 있는 것은 옳은 것이고, 뒤에 있는 것은 그르게 된다. 그러고도 스스로 깨닫지 못한 자들이 간혹 있는 것이니, 어찌 이것이 마음의 병이 아니고 무엇이겠는가! 오호라, 마음이라고 하는 것은 허령하여 거울과 같다. 그래서 본체는 조금의 병도 없다. 오로지 기에 의하여 패배된 바 있게 된 연후에 마음이 이 병을 받은 것이다. 이러한 까닭에 옛날의 志士와 義人은 반드시 기를 다스리는 것을 힘써 하였다."라고 말했다.

〈評釋〉

俗習으로 인해 미혹해지면 자신의 혼란을 아는 것조차 어렵다. 마음은 虛靈하므로 거울 같지만 기질의 욕망으로 인해 거울 같은 총명함은 사라진다. 영묘한 마음의 움직임을 잃게 하는 것도 기질이다. 습속에 사로잡히는 것도 기질의 욕망 때문이다. 그러므로 옛부터 志士, 義人은 기질의 욕망, 客氣의 勇을 억제하는 수양을 수양의 眼目으로 삼았다.

〈注〉

- 《論語》 鄕黨 第十, "唯酒無量 不及亂 沽酒市脯 不食 不撤薑食 不多食(오직 술에는 제한이 없으셨지만 취할 때까지 드시지는 않았다. 사온 술과 육포는 드시지 않았고, 강식은 치우지 못하게 하셨지만 많이 드시지 않았다.)"이라고 하는 말이 있다. 이 장에는 성인으로 불리는 공자의 식생활이 기록되어 있다. 많은 이에게 참고가 될 거라 생각하여 의역하여 싣는다.

공자의 평상시 식사는 정갈한 것을 좋다 하고, 牛羊과 어육회는 잘게 자른 것을 좋다고 했다. 밥이 오래되어 부패하고, 맛이 변한 것은 결코 먹지 않는다. 생선이 물크러지고 고기가 상한 것은 먹지 않는다. 또한 물크러지고 부패한 것이 아니라도, 색이 나쁜 것은 먹지 않는다. 냄새가 나쁘게 변한 것은 먹지 않는다. 조리가 적절하지 않고, 지나치게 익혔거나, 덜 익힌 것은 먹지 않는다. 계절에 맞지 않는 소위 철지난 채소 과일은 먹지 않는다. 그것은 인체에 해가 되기 때문이다. 食은 곡물을 주로 하므로, 비록 부식물로 고기가 많이 있고 맛나더라도 밥의 氣를 넘어설 만큼 많이는 먹지 않는다. 고기의 잘린 자국이 바르지 않으면 먹지 않는다. 어육에 적당한 장이 없으면 먹지 않는다. 단지 술은 정량이 없고, 적당히 먹는데, 마음을 혼란하게 취하지 않도록 한다.(술을 매우 좋아했으나 크게 취한 적이 없었다. - 필자) 상점에서 파는 술이나 건육은 청결하지 않고 인체에 해가 있어서 먹지 않았다. 단지 생강은 정신을 상쾌하게 하고 邪氣를 없애주므로 식사 때마다 밥상을 물려도 혼자 생강만을 남겨서 먹었다. 그러나 많이는 먹지 않았다. 또한 君의 宗廟祭를 도와주고 받은 제육은 귀가하자마자 식솔에게 나눠주고 다음날까지 넘기는 일이 없었다. 宗廟祭에 바쳤던 고기는 3일 내에 나눠주었다. 3일을 넘기면 고기는 상하기 때문이다. 또한 식사 때에는 누가 찾아와서 물어도 쉽게 대답해 주지 않았다. 잠자리에 들어서는 얘기를 듣지 않았다. 식사 때와 취침 시에는 담화하지 말아야 한다. 또한 식사 때에는 비록 粗飯, 야채국이나 오이 같은 하찮은 것이라도 한 종류씩 반드시 조금씩 취하여, 上古의 飯食을 발명한 사람에게 바치고 이를 제사지냈다. 이상, 지금까지도 그 가르침이 이어져 오는 것이 있다.

22

簑翁與僧 共過山間 天忽油然興雲 雷聲稍振 僧日有罪過者被雷打 夫雷之爲雷誠宜畏焉 言未畢 霹靂大振 打破岩松 翁笑日 此岩何罪 此松何之罪

사옹과 승려가 함께 산간을 지나가는데, 하늘에 홀연 구름이 뭉게뭉게 일더니 뇌성이 점차로 들리었다. 승려가 말하기를, "죄과가 있는 사람이 벼락을 맞는 것이니 대저 벼락이 벼락됨은 진실로 두려운 것이 마땅하다."라고 했는데 말이 마치기도 전에 벽력이 크게 울더니 벼락이 바위와 소나무를 때렸다. 사옹이 웃으며 말하기를, "이 바위가 무슨 죄인가, 이 소나무가 무슨 죄인가?"라고 말했다.

〈評釋〉

사옹과 동행하던 중이, 번개 맞은 것은 죄진 자에 대한 보복인가 하고 물었다. 그 말이 끝나자마자 번개가 바위에 떨어져 바위와 소나무를 부숴 버렸다.

이것을 보고 사옹이. 바위에 무슨 죄가 있는가? 소나무에 모슨 죄가 있는가 하고 물었다. 불교에서는 인과응보를 설하여 서민신앙의 지주가 되었다. 지옥극락의 설화도 신앙을 권하기 위해 설법한다. 스님은 인과응보를 믿고 있는 것으로 여겨진다.

蔡溫은 이것을 근거로 스님의 무지함을 깨우치려 했다. 그러나 유교에서도 善을 쌓는 자에게는 보응으로서 좋은 일이 있고, 不善을 쌓는 집에는 재앙의 보복이 있다고 한다.

일상 행위에서 인과응보를 인정하면서도 번개는 자연현상이고, 그 인과응보의 범위 밖에 있다고 보는가? 하늘을 외경하고, 天命을 두려워하는 유교사상에서는 蔡溫의 落雷觀이 재미있는 문제를 던지는 것이다.

23

士與簑翁 共遊僧寺 士問住僧曰 施餓鬼之法何 住僧曰 夫餓鬼者 或子孫不祭者或罪過旣深者 此爲餓鬼 受諸多苦楚 吾佛不忍見之 乃設施餓鬼之法拯之 救之而後得登極樂之境 此法最要不可輕忽 士曰人身死後亦餓渴乎 住僧曰人身雖死此心依爲全如生前 故之不祭 必致餓渴 且有罪過者 雖人祭之 而其祭物不能受用 飜爲餓鬼 一僧曰法雖旣然 吾亦疑之 吾見人家 各設神主以祭之 未見每日朝夕 供饌如生者 然則天下之人 無貴無賤 此身死後 皆非爲餓鬼乎 抑亦吾輩非爲法塵所拘者耶 住僧愕然不言 翁謂二僧曰 雲外有山 步則咫尺

선비와 사옹이 함께 절에서 노닐었다. 선비가 주승(住僧)에게 물어 말하기를, “아귀에게 시혜하는 법은 무엇입니까?”라고 했다. 주승이 말하기를, “무릇 아귀라고 하는 것은, 혹은 자손이 제사지내지 않는 자이거나, 혹 죄과가 이미 깊은 자 이들이다. 많은 고초를 받기에 우리 불교는 차마 보지 못해서 이에 아귀에게 시혜하는 법을 만들어서 그들을 구제한다. 그들을 구제하여 뒤에 극락의 경지에 오름을 얻도록 하는 것이다. 이 법은 가장 긴요하니 결코 가벼이 하거나 소홀히 할 수 없다.”라고 말했다. 선비가 말하기를, “사람 몸이 죽은 뒤에 또한 배고프고 목마릅니까?” 주승이 말하기를, “사람 몸은 비록 죽을지라도 이 마음은 그대로 온전하여 생전과 같다. 그렇기 때문에 제사지내지 않으면 반드시 배고프고 목마름에 이를 것이다. 또한 죄과가 있는 사람은 비록 사람이 제사 지내더라도 그 제물을 받아쓸 수 없고 도리어 아귀가 된다." 한 승려가 말하기를, "법은 비록 이미 그러하나, 나는 또한 이를 의심한다. 내가 인가를 보니 각기 신주를 배설해서 제사를 지내나, 매일 조석으로 산 자처럼 음식을 받드는 것을 보지 못했다. 그런즉 천하의 사람은 귀함과 천함에 관계없이 이 몸이 죽은 뒤에는 모두가 아귀가 되는 것은 아닌가! 아니면 또한 우리 무리가 법진에 구속되는 바가 아닌가?"라고 했다. 주승이 몹시 놀라 말하지 못했다. 사옹이 두 승려에게 말하기를, "구름 밖에 산이 있으나, 걸어가 보면 지척이다."라고 했다.

〈評釋〉

당시 불교가 어떠했는지 알 수 있는 章이다. 선비와 노인이 절에서 만났다.

선비 : 施餓鬼의 법은 무엇인가?

스님 : 자손이 끊겨 제사 지내줄 사람이 없는 망자, 또는 죄과가 깊은 자는 성불할 수 없으므로 지옥 아귀도에 떨어져 아귀가 된다. 부처는 이것을 보고 참지 못해서 시아귀의 법을 베풀었는데 이는 아귀를 구하고 극락으로 보내주는 중요한 제이다.

선비 : 죽은 사람이 배고프고 갈증을 느낄까?

스님 : 죽어도 마음은 생전과 그대로이다. 그러므로 제사 지내지 않으면 기갈을 느낀다. 죄인은 제사 지내줘도 이를 받지 못해 아귀가 된다.

스님 : 부처의 가르침은 그렇게 되어 있으나, 나 자신은 이를 의심한다. 어느 집에서나 위패를 만들어 제사 지내지만, 매일 조석으로 공양물을 바치는 곳은 없다. 귀인천인도 이렇게 보면 모

두 아귀가 되는데. 내가 부처의 가르침을 곡해한 것인가?
다른 스님들은 대답하지 못해 침묵한다.
노인 : 구름 밖에 멀리 산이 보인다. 걸어가면 지척이다.

〈注〉

· 施餓鬼 – 이 세상에 생을 받은 자는 과거 세에서의 번뇌와 업으로, 현세에서의 번뇌와 업으로 인해 사후에 어떤 세상인가에 태어난다. 이 생사의 반복을 윤회라 하고, 생사를 반복하는 여섯 세계가 있고 이를 六道라고 한다. 이 사상을 六道輪廻라고 한다. 윤회하는 세계는 지옥, 아귀, 축생, 수라, 인간, 천상, 六道이다. 지옥에도 等活, 衆合, 아비, 규환, 초열이 있다. 아귀도에 떨어진 망자를 구제, 鎭撫하기 위해 행하는 것이 施餓鬼이다. 縊사자. 水難者, 無緣墓地 등 망령이 아귀가 되어 배회하므로 사람에게 재앙이라고 생각되는 곳에서 온갖 종류의 음식을 바치는 법이다. 일본 本州에서는 平安 시대 중기 이후, 空海가 전하여 그 후 各 宗에서 행해졌으며, 가장 민중과 관계 깊은 불교 행가 가운데 하나이다. 沖縄에서도 羽地仕置에 〈盆의 施餓鬼 時에도 服裝隨意〉가 있어, 羽地按司의 검약령으로 화려한 복장이 금지당한 일이 있음을 보면 불교 도래와 함께 행해졌다고 생각된다.

· 雲外有山, 步則咫尺 – 관념으로 바라보면 멀다. 걷는다는 현실적 행위에서는 현실이 된다. 禪問答이다. 아귀도의 설화도 먼 관념이다. 그러나 스스로 취할 의지가 있다면 현실문제로서 생활에 받아들일 수 있다.

24

隣人謂蓑翁曰 古人云 善有善報 惡有惡報 果有之否 翁曰善惡必報 如影隨身 隣人曰吾見世間 爲善者或子孫短命 或受貧苦 爲不善者或子孫茂昌 或受福裕 吾甚疑焉 翁曰是乃命也 命雖聖人 亦無如之何而已矣 汝所謂報者 爲汝語之 夫爲善者人必愛之 積善者人必崇之 爲不善者人必嫉之 積不善者人必殺之 夫愛與嫉 夫崇與殺 如影隨身 如響應聲 是謂之報 隣人曰或謂子孫禍福 必係父祖之所致 便是佛氏所謂 前世之報云爾 敢問此言如何 翁曰是亦命也 祖父子孫 各有受命不齊者 是故所値禍福 亦有各不齊者 汝試思之 兄弟之身而吉凶禍福不齊者 世間最衆 此非各人之命而何哉 若謂父祖之所致 則兄弟乃一人之子一祖之孫也 豈可以有異乎 世俗之人往往指命以爲前世之報 或歸罪於父祖 或求免於神佛 嗚呼 俗習之謬 人情之惑 豈可不之察耶 豈可不之思耶

이웃사람이 사옹에게 일러 말하기를, "옛사람이 이르기를, '선함에는 선한 보답이 있고, 악함에는 악한 보답이 있다'고 했으니, 과연 있습니까? 없습니까?"라고 했다. 사옹이 말하기를, "선악은 반드시 응보가 있으니 마치 그림자가 몸을 따르는 것과 같다."라고 했다. 이웃사람이 말하기를, "내가 世間을 보니 선한 사람도 혹은 자손이 단명하거나, 혹은 가난과 괴로움을 받습니다. 선하지 않은 사람도 혹은 자손이 번창하거나, 혹은 복과 부유함을 받습니다. 나는 심히 이 점이

의심스럽습니다."라고 했다. 사옹이 말하기를, "이것은 곧 운명이다. 운명은 비록 성인일지라도 또한 어찌할 수 없을 따름이다. 네가 말하는 응보라는 것이 무엇인지 너를 위해 말해주마. 무릇 선을 행하는 자는 남이 반드시 그를 사랑하고, 선을 쌓는 자는 남이 반드시 그를 숭배한다. 선하지 않은 일을 하는 자는 남이 반드시 그를 미워하고, 선하지 않은 일을 쌓는 자는 남이 반드시 그를 죽인다. 무릇 사랑함과 미워함, 무릇 숭상함과 죽임 등은 마치 그림자가 몸을 따르는 것과 같고, 메아리가 소리에 응하는 것과 같다. 이것을 일러 응보라고 한다." 이웃 사람이 말하기를, "혹자는 이르기를, 자손이 화를 입고 복을 받는 것은 반드시 父祖의 이룬 바에 매여 있다고 하고, 곧 이것은 불씨가 말한 바 전세의 응보라고 한다는데, 감히 묻건대 이 말은 어떠합니까?"라고 했다. 사옹이 말하기를, "이것 또한 운명이다. 조부자손은 각자 명을 받은 바가 일정하지 않음이 있으니 이러한 까닭에 화복을 당하는 바가 또한 각기 일정하지 않다. 그대가 시험 삼아 생각해보라. 형제의 몸으로서 길흉화복이 일정치 않은 것이 세상에 가장 많으니 이것이 각 사람의 운명이 아니고 무엇이겠는가? 만일에 부조의 이른 바를 이룬다면, 형제는 곧 한 사람의 아들이고 한 할아버지의 손자인데, 어찌 가히 다름이 있겠는가! 세상 사람들이 왕왕 운명을 시징해서 전생의 응보라고 여기고, 혹은 부조에게 죄를 돌리기도 하고, 혹은 신불에게 면함을 구하기도 한다. 오호라. 속된 습속의 잘못됨과 인정의 미혹함이여 어찌 가히 살피지 않을 수 있으며, 어찌 가히 생각지 않을 수 있겠는가?"라고 말했다.

〈評釋〉

善因에는 善果가 있고, 惡因에는 惡果가 있다. 선조의 행위에 대한 응보라기보다도 자신의 선악행위의 응보가 있는 것이라고 긍정하면서도 인간에게는 天命이라는 것이 있어서 天命에 따라 인간으로서 어떻게 할 수 없는 것이 있다는 운명론에 이르기도 한다. 앞서 불교에서 말하는 인과론을 부정하면서도 자신의 선악행위에는 반드시 응보가 있다. 이것은 천명이라고 한다. 천명이란 것을 철학적으로 어떻게 해석하는지에까지 이르지 못했다.

〈注〉

· 各有受命不齊者 – 이 천명론은 司馬遷의 《史記》 백이숙제열전을 원전으로 하여 썼던 것으로 생각된다. 참고로 적으면, '天道에 편파, 역성은 없고, 善人의 편을 든다고 하지만, 어진 이 중에 어진 이로 칭송받는 백이·숙제는 수양산에서 아사했다. 공자의 70제자 가운데, 공자를 이을 성인이라 칭송받던 顔回는 종종 굶어서, 쌀겨나 술지게미조차 넉넉하게 먹지 못했다. 게다가 早死했다. 盜跖이라는 대도둑은 죄 없는 사람을 죽이고, 사람의 생간을 꺼내 회쳐서 먹었다. 동료 수천 명이 천하를 호령하여 오래 살다 죽었다. 天道는 옳은가, 그른가.'라고 몇 예를 들어 천도는 반드시 선의 편은 아니라는 의문을 던졌다. 이 모순을 사마천은 역시 천명설로 설명하고 있는 것으로 생각된다. 蔡溫의 이 부분은 《史記》〈伯夷列傳〉의 영향을 받고 있음이 명확하다. 或曰 天道無親 常與善人 若伯夷 叔齊 可謂善人者非邪 積仁洁行 如此

而餓死 且七十子之徒 仲尼獨荐顔淵爲好學 然回也 屢空 糟糠不厭 而卒蚤夭 天之報施善人 其何如哉 盜跖日殺不辜 肝人之肉 暴戾恣睢 聚党數千人 橫行天下 竟以壽終 是遵何德哉 此其尤大彰明較著者也 若至近世 操行不軌 事犯忌諱 而終身逸樂 富厚累世不絕 或擇地而蹈之 時然后出言 行不由徑 非公正不發憤 而遇禍災者 不可胜數也 余甚惑焉 倘所謂天道是邪非邪[어떤 이는 말하기를, "하늘의 도는 친한 사람이 없어서 언제나 착한 사람과 함께 한다."라고 한다. 그렇다면 백이와 숙제가 착한 사람이라고 말할 수 없다는 것인가? (그들은) 이와 같이 어짊을 쌓고 깨끗하게 행동했는데 굶어서 죽었다. 또한 (공자의) 제자는 70명이었는데, 중니(공자)는 홀로 안연이 학문을 좋아한다고 추천했다. 그러나 회(안연)는 자주 양식이 떨어졌으며, 거친 음식도 배불리 먹지 못하다가 끝내 일찍 죽었다. 하늘은 착한 사람에게 보답하여 베푼다는 말은 어찌된 것인가? 도척은 날마다 무고한 사람을 죽이고 사람의 고기에서 간을 회치는 등, 포악하고 방자하였으며, 수천 명의 무리를 모아 천하를 횡행하였으나, 마침내 천수를 다하고 죽었다. 이것은 무슨 덕행에 따른 것인가? 이러한 것은 가장 현저하게 드러난 것이라 하겠지만, 요즈음에 이르러서도 하는 짓이 도리를 벗어나 악행을 저질러 꺼리는 것이 없지만, (그런 사람이) 종신토록 즐기며 부유함이 자손 대대로 끊어지지 않기도 한다. 어떤 사람은 (정당한) 땅을 골라서 딛고, 때가 된 연후에 말을 하며, (큰 길을 버리고) 지름길로 행하지 않으며 공명

정대하지 않으면 분발하지 않는데도 재앙을 만나는 사람은 헤아릴 수 없이 많다. 그래서 나는 매우 의심스럽다. 이른바 하늘의 도라는 것이 옳은 것인지 그른 것인지 (알 수 없다).]

25

鄕人問簑翁曰 呪咀之術亦有諸否 翁曰術則雖有 皆幻術也 何足言焉 吾見世俗之情 或因物而動 或因事而亂 故接物臨事間往往爲氣所惑 于無病處而自作病 或于無妖處而自作妖 是謂之心魔 昔有僧在于暗中 蹈破一生茄 僧以爲蟾蜍之屬 枉害性命心深悔之 臥至中霄 忽有蟾蜍打門覓命 僧約明日爲薦拔 及天明見之 乃茄也 此爲氣所惑而自作妖者 又士人飮茶時 有弓影入碗 恍如蜈蚣 飮之染癩 醫藥無驗 旣而知是弓影非蜈蚣 其病忽廖 此爲氣所惑而作病者 大抵世俗之人 嘗無攻氣明理工夫 唯與俗習浮沈弗定 是故日用言爲間 或于無病處而自作病 或于無妖處而自作妖 然則世俗之所謂逢祟逢呪者 恐係心魔而非實者不其衆乎

향인이 사옹에게 물어 말하기를, "저주의 술법이 또한 있습니까? 없습니까?" 사옹이 말하기를, "술법이 비록 있다하나, 모두 환술이다. 어찌 족히 말할 수 있는가. 내가 세속의 정을 보니, 혹은 物로 말미암아 동요하고, 혹은 일로 말미암아 어지러워진다. 그렇기 때문에

接物臨事에 있어서 간혹 기에 의해 미혹된 바가 있어서 병이 없는 곳에서 스스로 병을 짓고, 혹은 요괴가 없는 곳에서 스스로 요망함을 짓는다. 이것을 일컬어 마음의 마귀라고 한다. 옛날에 승려가 어둠 속에 있다가 가지 하나를 밟았다. 승려는 이것을 두꺼비 등속이라고 여겨서, 性命을 그릇되게 해친 것을 마음 깊이 후회했다. 누워서 한밤에 이르렀는데, 홀연히 두꺼비가 문을 두드리며 命을 찾고 있었다. 승려가 다음날 薦拔할 것을 약속하였다. 날이 밝아서 이를 바라보니 곧 가지였다. 이는 기에 의해 미혹된 바 되어 스스로 요망함을 짓는 것이다. 또 한 선비가 차를 마시고 있는데, 활 그림자가 속에 드리웠다. 어슴푸레한 것이 지네인 듯하였다. 이를 마시고 문둥병이 옮아 의약도 효험이 없었다. 그리고 나서 이것이 활 그림자이고 지네가 아니라는 것을 알자, 그 병이 홀연히 치료되었다. 이것은 기에 의혹된 바가 되어서 스스로 병을 만든 것이니, 대저 세속의 사람은 일찍이 기를 다스리고, 리(理)를 밝히는 공부가 없고 오로지 속세의 習俗과 더불어 浮沈하며 안정하지 못한다. 이러한 까닭에 일용지간에, 혹은 병이 없는 곳에서 스스로 병을 짓기도 하고, 요망함이 없는 곳에 스스로 요망함을 짓는 것이다. 그런즉 세속에서 이른바 숭앙하는 것이나 저주하는 바를 만나는 것은, 心魔에 매여서 실상이 아닌 것이 많지 않을까 두렵다."라고 했다.

〈評釋〉

呪咀의 術은 幻影이고 마음이 그렇게 여길 뿐이다. 환각을 진실이라고 생각하여 병이 생긴다. 이는 재앙을 스스로 자초한 것이다. 그 한 예로서 '스님이 밤중에 두꺼비를 밟아 죽였다, 살생의 죄를 범하여 괴로워하다가 잠이 들었다. 밤중에 두꺼비가 찾아와 목숨을 내놓으라고 하는 꿈을 꾸었다. 다음날 아침 현장에 가서 보니 가지였다. 또한 차를 마실 때 찻잔에 비친 활 그림자를 "지네" 로 보고 문둥이가 되었다. 그것이 지네가 아니라 활 그림자임을 알고 곧 나았다'라는 이야기를 들고 있다. 세상 사람들이 기를 다스리지 않고 관습에 이끌려 다녀서는 안 된다고 결론 맺는다.

〈注〉

· 蟾蜍 – 두꺼비

· 祟 – 뒤탈, 빌미

· 지네를 삼키다 – 지네를 삼키면 문둥이가 된다는 俗信이 있었던 것 같다.

26

士人謂簑翁日 史書有關公旣死而追呂蒙 敢問果有然否 翁曰汝之意思如何 士曰公與常人大異 不可謂之無矣 翁曰關公常讀春秋 造次顚沛 唯其心志在於輔漢 那時漢賊蜂起 若舍漢賊而殺一呂蒙 此豈關公輔漢之本意耶 人若人身旣死 而得追仇報怨則往古來今 或懷怨而死 或爲人所害者往往有之 何不追仇 何不報怨 噫 如此等事 都是虛誕之說 必好事者 記之 乃理之所無也 汝試思之 若有此理 關公豈有身死而釋漢賊耶 且往古來今受懷怨之人豈有安心而忘仇人耶

선비가 사옹에게 일러 말하기를, "史書에 관공이 이미 죽어서도 여몽을 추격했다는 말이 있습니다. 감히 묻건대 과연 그러합니까, 그렇지 않습니까?" 사옹이 말하기를, "너의 생각은 어떠한가?" 선비가 말하기를, "관공과 常人은 크게 다르니, 그렇지 않다고 말할 수 없습니다."라고 했다. 사옹이 말하기를, "관공은 항상 〈춘추〉를 읽었는데, 단 한 순간에도 오로지 그 마음과 뜻은 한나라를 보필하는데 있었다. 漢賊이 봉기했을 때에 만약 漢賊을 버리고, 한 사람의 여몽을 죽이고자 했다면, 이것이 어찌 관공이 한나라를 보필하고자 하는 본뜻이었겠는가? 사람이 만약 몸은 이미 죽었으나, 원수를 쫓아 원한을 갚을 수 있다면, 고금에 혹 원한을 품고 죽었거나, 혹은 남에게 해침을 당한 이가 간혹 있을 것인데, 어찌 원수를 쫓지 않으며 어찌 원한을 갚지 않는가! 슬프도다. 이와 같은 일은 모두 바로 허탄한 이야기이다. 필경 일삼기를 좋아하는 이들이 기록한 것이니, 곧 이치가 없는 바이다. 그대가 시험 삼아 이를 생각해 보라. 만일에 이러한 이치가 있다면, 관공이 어찌 몸은 죽었으되 한적을 놓아두었겠는가? 또한 고금에 원한을 품은 이가 어찌 안심하고서 원수를 잊겠는가?"라고 했다.

〈評釋〉

史書에 관공이 죽은 후 적장 여몽을 보복하려고 뒤쫓았다는 것은 진실일까?

노인 : 당신은 어떻게 생각하는가?

선비 : 관공은 보통사람과 다른 위인이므로 있을 수 있는 일이라고 생각한다.

노인 : 관공은 항상 '春秋'를 읽었다. 공은 언제나 漢室을 도우려 했다. 이런 한실에 대항하는 적이 봉기했을 때 漢의 적을 내버려두고 여몽만을 쫓는 일은 관공의 참뜻이 아니다. 死人이 생전의 적을 보복할 수 있다면, 세상에는 적을 보복하려는 일이 많을 터이다. 이런 일은 거짓으로, 얘깃거리 좋아하는 사람이 쓴 것으로, 理로서는 있을 수 없는 일이다. 잘 생각해 보라, 이런 일이 생긴다면 관공은 몸은 죽었어도 한실을 망하게 한 魏國을 망하게 했을 것이다. 개인의 한을 씻는 일은 하지 않는다. 또한 古來로 해를 입어 원한을 삼키고 죽은 사람이 많다. 만일 사후에 적을 토벌할 수 있다면 그런 사람들도 역시 죽고 나서 적을 토벌해야 하지 않나? 그런 일이 없으므로 그것은 모두 거짓이다.

〈注〉

· 관공 – 후한이 망하고(서기 220년), 蜀漢, 魏, 吳 삼국이 분립했다. 촉한의 유비 황제는 한의 후예이다. 촉의 땅에 나라를 세워 촉한이라 했다. 삼국 분립의 이야기를 쓴 '삼국지'는 유명하다. 촉한에는 유비의 삼고초려를 받은 제갈공명이 있다. 장비, 관우도 이를 도왔다. 관공은 관우이다. 신의가 두텁고, 싸움에 강했다. 그의 죽음 후 중국에서는 武神으로 전국에서 제사지낸다. 공자를 제사지내는 것을 文廟, 관우를 제사지내는 것을 武廟라고 칭한다. 채온이 예로 든 곳을 보면 당시에 이미 沖繩에서도 존경받던 존재였던 것 같다. 필자의 소년시기에는 관제왕으로 칭하여 대개의 집에 그 초상화가 걸려 있었다.

· 여몽 – 오의 신하, 오왕 손권이 여몽을 평하여 학문이 진보하고 모략이 뛰어나다 했다. 여몽의 학문이 진보한 것을 보고 노肅이 너는 무장일 뿐이라 생각했더니 지금은 옛날의 여몽이 아니라고 했다. 이 일화에서 지금도 매우 진보한 사람에게 '吳下의 旧阿蒙이 아니다'라는 표현을 쓴다. 관우가 전쟁에 패해서 죽은 후 적장인 여몽에게 보복하기 위해 귀신이 되어 이를 뒤쫓았다는 전설을 채온이 반론한다.

· 造次顚沛 – 얼마 안 되는 사이, 造次는 당황한 때, 顚沛는 확 뒤집은 때, 그러한 짧은 시간, 《論語》에 '군자는 밥을 다 먹는 한 순간조차 造次顚沛의 순간조차 仁의 道를 떠나지 않는다'라고 한다. (君子 去仁 惡乎成名 君子 無終食之間違仁 造次必於是 顚沛必於是 《論語》里仁 편)

· 春秋 – 공자가 쓴 魯國 史書. 周의 平王에서 威烈王에 이른다. 이 시대를 이 책과 관련지어 '춘추시대'라고 한다. 윤리사관의 입장에서 준열한 비판을 하고 있다. 여기에서 엄정한 비판을 하는 것을 '춘추의 筆法' 이라 한다.

27

士人曰嘗見隣家小女 偶染疾病 歷數日後 善歌善彈 此幽魂附體者乎 曰人之爲生 均得二五妙氣 而其爲心至靈爲妙 實與禽獸大異 是故人間庶務 千態萬般 皆具於心 而其應也無窮 唯平時歲閉而不發現耳 苟爲疾病所觸 則稍發現者間有之 或達絃歌

或通文字 或知未來 或談前代 疾病既屈 蝴蝶變爲虫 虫變爲蜻蜓 雀變爲蛤 鼠變爲鷺 龍無翼而能飛 螢無火而能照 如此等類是皆造化之所致而非可怪矣 士慨然曰 簡篇之中 雜載妖怪之物而許多般樣不可勝數 敢問是物如何 曰是亦造化之所致也 世間生物中 或受二五氣化 而形骸變革 或乘二五氣化而現得其影恍如蝃蝀然 許多般樣所現之影 忽現忽滅 本非實有 有只是一時氣化爲也 世俗之人 偶見此影 深含怯疑 翻信妄誕之說 皆聚而談曰 天有一世界 海有一世界 此身死時 必往陰府云云 噫 世俗之受惑 如斯之甚矣

선비가 말하기를, "일찍이 이웃집 소녀를 보았는데 그때는 질병을 앓고 있었는데 며칠 지난 후에는 노래도 잘하고, 가야금도 잘 탔습니다. 이것은 혼령이 몸에 붙어서 그런 것입니까?"라고 하였다. 사옹이 말하기를, "사람이 생겨나게 되는 것은 음양과 오행의 묘기를 고르게 얻는 것이고, 그 마음됨은 지극히 영묘하여, 실로 금수와 크게 다르다. 이렇기 때문에 인간이 온갖 힘쓰는 갖가지 일이 모두 마음에 갖추어져 있어서 그 응대함이 무궁한 것이다. 오직 평상시에는 닫혀 있어 발현하지 않다가 진실로 질병을 만나게 되면 드물게 발현되는 사람이 간혹 있는데, 그래서 혹은 줄을 뜯고 노래하기를 사무치게 하고, 혹은 문자에 통하기도 하며, 혹은 미래의 일을 알고, 혹은 전대의 일을 이야기한다. 그러다가 질병이 낫는다. 나비가 벌레로 변하고, 벌레가 잠자리가 되고, 참새가 조개로 변하고, 쥐가 백로가 되고, 용이 날개 없이 능히 하늘을 날고, 반딧불이가 불 없이도 능히 빛을 비추는 등속의 일은 이 모두가 조화의 소치이지 가히 괴이한 일이 아니다."라고 했다. 선비가 개연히 탄식하며 말하기를, "책 가운데는 잡스러이 요괴의 물류가 실려 있는데, 허다한 양상을 가히 헤아릴 수 없으니 감히 묻건대 이러한 物物은 어떤 것입니까?"라고 했다. 사옹이 말하기를, "이것 또한 조화의 소치이다. 세간의 생물 가운데 혹은 음양과 오행기의 조화를 받아서 형해를 변혁할 수도 있고, 혹은 음양과 오행의 기운 변화를 타고서 그 그림자를 얻어서 나타낼 수도 있어서 빛나기가 무지개처럼 될 수도 있다. 허다한 양상으로 나타내는 그림자는 홀연히 나타나기도 하고 홀연히 소멸하기도 하나 본디 실제로 있는 것은 아니다. 있는 것은 단지 이 한 기운의 변화됨만이 있는 것이다. 세속의 사람은 우연히 이 그림자를 보고서 깊이 겁과 의혹을 머금어 도리어 황탄지설을 믿고서 모두 모여서 말하기를, '하늘에 한 세계가 있다. 바다에도 한 세계가 있다. 이 몸이 죽을 때에도 반드시 저승에 간다'고 일컬으니 슬프다! 세상 사람들의 의혹을 받는 바가 이와 같음이 심하도다"라고 했다.

〈評釋〉

이웃집 병든 소녀가 평소에 할 수 없는 노래를 부르고 악기를 탔다. 이것은 다른 幽魂이 붙은 것인가?

노인 : 사람은 陰陽二氣, 木火土金水의 五氣라는 妙氣를 받아 태어났기 때문에 그 마음은 靈妙한 활동을 한다. 그러므로 인간 마음은 뭐든 할 수 있는 능력이 있다. 평소에는 내부에 숨겨져 있어 발현하지 않는다. 병이 들었을 때 그것이 발현하기도 한

다. 평소엔 모르던 문자를 알게 되고, 미래의 일을 알 수 있고 태어나기 이전 일을 알기도 한다. 병이 나으면, 병과는 별도로 나비가 벌레가 되고, 벌레가 잠자리가 되고, 쥐가 매가 되고, 용은 날개 없이 하늘을 나고 반딧불이 불 없이 빛나는 이런 일은 조화(조물신)가 하는 일이지 괴이한 일이 아니다.

선비 : 책에 요괴의 일이 적혀 있다. 여러 경우의 일을 셀 수 없을 정도이다. 이것은 어찌된 일인가?

노인 : 이것도 조물주가 하는 일이다. 생물 속에는 음양오행의 氣를 받아 변해서(생태를 바꿔서) 形骸가 바뀌는 것이다. 혹은 음양의 氣를 타고 무지개처럼 그림자를 보이기도 한다. 여러 가지 그림자는 홀연히 나타나기도 했다가 홀연히 사라지나, 이것은 실재하는 것이 아니다. 한 때의 氣가 나타난 것이다. 세상 사람들은 이 그림자를 보고 두려워하거나 괴이하게 여긴다. 陰陽二氣의 드러남을 몰라서 근거 없는 것을 믿는다. 이 세상밖에 하늘에도 세계가 있다. 바다에도 세계가 있다고 한다. 또 죽으면 陰府로 저승으로 간다고 믿는다. 이런 사람들은 미혹함이 지나친 것이다. (음향오행설이 이 때의 가장 과학적인 우주관이었다. 이러한 해석을 하는 것도 어쩔 수 없는 일이다 – 필자)

〈注〉

· 二五의 妙氣 – 陰陽二氣의 작용으로 만물이 생긴다. 그 秀氣를 받아 사람도 생기고 木火土金水의 五行도 생긴다고 한다.

· 簡編 – 책, 簡은 竹札, 예전에는 종이가 없어 竹札을 사용했다.

· 蝃蝀 – 무지개

· 妄誕之說 – 근거 없는 이야기

28

二僧偶尋簑翁 一僧稍老 一僧稍少 卽烹茶俱語 老僧曰佛在天竺 無禱不應 譬如明月在天 無處不照 是故四海八荒 貴賤男女有禱卽應 無苦不救 無禍不拯 此則吾佛大慈大悲之靈應也 少僧曰吾竊疑之 吾見世間 堂屋受火災何不救之 稼穡受風旱何不救之 人有病死何不救之 舟有覆溺何不救之 老僧曰吾聞之 如此等類乃命運也 命運所累 佛亦無如之何耳 少僧曰命運所累 若無如之何 則佛力與人力何以別乎 老僧艴然怒曰 汝僧也 何其斯佛如此 少僧亦有怒色曰 吾豈斯佛乎 只要別辨耳 翁曰二僧平氣 氣若不平 忝學之病誠莫大焉 少僧謂翁曰 所謂靈者其唯如是也歟 曰心乃理也 一理萬應 故曰靈應 然則所謂靈應者 唯在於心 豈在於外 往往世人求之於外 何益之有

두 승려가 함께 사옹을 찾아왔는데, 한 승려는 조금 늙었고 다른 한 승려는 조금 젊었다. 즉시 차를 달이며 함께 말을 했다. 노승이 말하기를, "부처님이 천축에 있으므로 기도하는 바늘 감응하지 않음이 없으니 비유컨대 밝은 달이 하늘에 있어서 비추지 않은 곳이 없는 것과 같다. 이러한 까닭에 사해 팔황의 귀한 자와 천한 자, 남자와 여자가 기도하면 즉시 응답해서 구원하지 않는 고통이 없다. 구제하지 않는 화가 없다. 이것은 곧 우리 부처님의 대자 대비한 신령한 응답이다"라고 했다. 젊은 승려가 말하기를, "내가 그윽이 이를 의심한다. 내가 세간을 보니 그렇지 않았다. 집안에 화재를 입으면 어찌 이를 구하지 않는가? 농사에 태풍과 가뭄을 입어도 어찌 구원하지 않는가? 사람이 병으로 죽어도 어찌 구원하지 않는가? 배가 전복이 되어 물에 빠지면 어찌 구하지 않는가?"라고 했다. 노승이 말하기를, "내가 이를 듣건대 이러한 부류의 일은 곧 운명이다. 운명에 매인 바이니, 부처 또한 어찌할 수 없을 따름이다."라고 했다. 소승이 말하기를, "운명에 얽힌 바라고 하면서 어찌할 수 없을 것 같다고 하면, 곧 부처의 힘과 인간의 힘이 어찌 다르리오!"라고 했다. 노승이 발끈해서 화를 내며 말하기를, "너는 승려이다. 어찌 부처를 속이는 것이 이와 같은가!"라고 했다. 소승이 또한 노기를 띠고 말하기를, "내가 어찌해서 부처를 속이는 것입니까? 다만 분별하고자 했을 따름이다."라고 했다. 사옹이 말하기를, "두 승려는 기운을 고르게 하라. 기운을 만약 고르게 하지 않는다면 배움을 더럽히는 병폐가 실로 이보다 큼이 없다."라고 했다. 소승이 사옹에게 일러 말하기를, "이른 바 신령하다는 것은 오직 이와 같은 것입니까?"라고 했다. 사옹이 말하기를, "마음이 곧 이치이다. 하나의 이치가 만 가지로 감응하니, 그런 까닭으로 이른바 '영검이 감응한다'고 한다. 그런즉 영검이 감응하는 것은 오로지 마음에 있는 것이지 어찌 밖에 있겠는가? 간혹 세상 사람들이 이를 밖에서 구하려드니 무슨 이로움이 있으리오?"라고 했다.

〈評釋〉

차를 마시면서 노승과 젊은 스님, 노인과의 대화

노승 : 부처는 천축에 있으나, 明月은 하늘에 있어서 세상을 비추듯 어느 땅에서 기도해도 다 도달하여 들을 수 있다. 어떤 재앙

이든 고난이든 부처의 대자 대비한 靈應으로 도움을 받을 수 있다.

소승 : 거기에는 의문이 있다. 집이 불타도 폭풍이나 가뭄으로 흉작이 되어도 도울 수 없지 않은가? 病死, 海難도 구원받을 수 없지 않은가?

노승 : 이것은 운명이다. 운명은 부처도 어찌할 수 없다.

소승 : 그렇다면 인간의 힘과 같지 않은가?

노승 : (불끈하여 화내고) 너는 승려다. 어째서 부처를 비난하느냐?

소승 : 부처를 업신여기는 것이 아니다. 너의 설법에 대한 弁明을 구했을 뿐이다.

노인 : 마음을 편안히 해라. 평정을 잃으면 지금처럼 화를 내게 된다. 학문하는 것은 마음을 다스려 평상심을 유지해야만 한다.

소승 : 평상심은 마음의 영응한 활동에 의한다. 마음을 다스리지 못하면 부처의 가르침도 알 수 없다.

노인 : 마음은 天理이다. 心의 영응한 움직임은 만물의 理와 통한다. 마음이야말로 영묘한 움직임을 이루는 것이다. 마음밖에 부처의 힘이나 신의 힘이 있는 것이 아니다. 自力에 의지한다. 자기 마음의 영묘한 움직임에 의지한다. 자기주관이 만물을 인식하는 근원이라는 것이 陽明學의 心卽理, 禪의 空觀에도 통한다는 것을 적고 있다. 때로는 주자적 발상으로 자기모순을 보이기도 한다.

〈注〉

· 八荒 – 사방의 끝

· 稼穡 – 곡물을 심고 베는 것, 즉 농사.

· 風旱 – 폭풍과 가뭄

· 艴然 – 불끈 화내는 형용

29

參學之士 謂簑翁曰 吾閱簡篇所載 宋范文正公 死去陰府 登爲閻王 唐李林甫乃奸邪之人也 此人死後五次爲牛 愈則復藏閉如旧 此則人心靈妙之所使然也 此豈幽魂之所爲耶 世俗之不達此理者 妄信幽魂附體之說 竟爲心魔所亂 而誤事者殆衆矣 吾輩爲之嘆焉

공부하는 선비가 사옹에게 말하기를, "내가 책에 실린 것을 보니 송나라의 范文正公이 죽어 저승에 가서 염라대왕이 되었다고 하며, 당나라의 李林甫라는 간사한 사람이 있었는데 이 사람은 죽은 뒤에 다섯 차례나 소가 되었다고 합니다. 나아지면 다시금 예전과 같이 갇히게 되었다고 합니다.", "이것은 곧 인심이 영묘해서 시키는 바이다. 이것이 어찌 혼령이 있어서 하는 것이겠는가? 세속에 이치에 통달하지 못한 사람이 망령되이 혼령이 몸에 붙는다는 말을 믿는 것이니, 마침내 心魔에 의해 어지럽히는바가 된다. 일을 그르치는 자들이 매우 많으니 우리는 그것을 탄식한다."라고 했다.

〈評釋〉

선비가 노인에게 말했다. 책에 기재된 것을 보면 송의 范文正公은 죽어서 지옥의 염라대왕이 되었다. 唐의 李林甫는 나쁜 사람이라서 죽은 뒤 다섯 번이나 소로 태어났다. 이 三世 윤회의 업에서 회복하면 다시 원래대로 되었다라고 했다.

노인 : 이것은 사람마음의 영묘한 작용 때문이다. 幽鬼가 그렇게 시킨 것이 아니다. 세상 사람들은 이 理를 이해할 수 없어서 幽魂이 인체에 붙는다고 믿는다. 그런 것은 마음이 마(환영)에 홀려 생긴 환상이다. 이 환상으로 잘못된 해석을 하는 사람이 많다. 지옥에서 염라가 된다. 죽어서 소가 된다는 것은 心의 天理를 잃은 心魔가 일으키는 환상이다.

〈注〉

· 范文正公 – 岳陽樓記의 작자, 악양루기에 '선비는 모름지기 천하의 근심에 앞서 걱정하고, 천하의 즐거움을 나중에 즐거워해야 한다.'라는 유명한 글귀가 있다. (慶曆四年春 滕子京謫守巴陵郡 越明年 政通人和 百廢具興 乃重修岳陽樓 增其舊制 刻唐賢今人詩賦於其上 屬予作文以記之 予觀夫巴陵勝狀 在洞庭一湖 銜遠山 呑長江 浩浩湯湯 橫無際涯 朝暉夕陰 氣象萬千 此則岳陽樓之大觀也 前人之述備矣 然則北通巫峽 南極瀟湘 遷客騷人 多會於此 覽物之情 得無異乎 若夫霪雨霏霏 連月不開 陰風怒號 濁浪排空 日星隱耀 山嶽潛形 商旅不行 檣傾楫摧 薄暮冥冥 虎嘯猿啼 登斯樓也 則有去國懷鄉 憂讒畏譏 滿日蕭然 感極而悲者矣 至若春和景明 波瀾不驚 上下天光 一碧萬頃 沙鷗翔集 錦鱗游泳 岸芷汀蘭 郁郁青青 而或長煙一空 皓月千里 浮光躍金 靜影沉璧 漁歌互答 此樂何極 登斯樓也 則有心曠神怡 寵辱皆忘 把酒臨風 其喜洋洋者矣 嗟夫 予嘗求古仁人之心 或異二者之爲 何哉 不以物喜 不以己悲 居廟堂之高 則憂其民 處江湖之遠 則憂其君 是進亦憂 退亦憂 然則何時而樂耶 其必日 先天下之憂而憂 後天下之樂而樂歟 噫 微斯人 吾誰與

歸 時六年九月十五日) 宋代의 명재상, 罪人死의 판결이 범문정공의 재단에 의한 것이라고 듣자 기꺼이 刑死했다고 한다.

· 李林甫 – 不詳

30

僧與醫士 煮茶共語 簑翁偶過其寺 僧日天竺諸佛 今也聚在龍宮 醫士日危哉何爲乎如此 僧愕然問日 何謂也 醫士日吾聞佛卽心也 心卽佛也 由此思之則心屬火 龍宮屬水 夫水與火 必有相剋 是故火盛則水衰 水盛則火衰 是天理之當然也 今以諸佛之火而投于大海浩蕩之水 則水火之剋誠莫甚焉 吾斯謂之危矣 僧憮然語塞 簑翁笑日 似實非實之謂虛 似理非理之謂妄 夢中假山仰之彌高 僧聽此語黙以閉目 旣而謂醫士日 汝也妄 吾也虛 皆蠢愚之惑也

승려와 의사가 차를 달이면서 함께 말하는데, 사옹이 우연히 그 절을 지나가게 되었다. 승려가 말하기를, "천축의 모든 부처가 이제 용궁에 있다."라고 했다. 의사가 말하기를, "위험하도다! 어찌 이러는가?"라고 했다. 승려가 깜짝 놀라며 물어 말하기를, "어찌 그렇게 말씀하십니까?"라고 했다. 의사가 말하기를, "내가 듣기에 부처는 곧 마음이고, 마음은 곧 부처이다. 이로 말미암아 생각해 보면 마음은 火에 속하고, 용궁은 水에 속한다. 대저 火와 水는 반드시 상극이 된다. 이러한 까닭에 火가 성하면 水가 쇠하고, 水가 성하면 火가 쇠하니 이것은 天理의 당연함이다. 지금 모든 부처의 火가 대해의 큰 바닷물에 던져지니 곧 水火의 상극이 실로 막심하다. 그래서 내가 이를 일컬어서 위태롭다 했다."라고 했다. 승려가 무안해서 말문이 막혔다. 사옹이 웃으며 말하기를, "실제와 같으면서도 실제가 아닌 것을 虛하다 일컫고, 이치와 비슷하면서도 이치가 아닌 것을 妄靈되다고 일컫는다. 꿈속에서 山을 빌어 꿈을 꾸면 이를 우러러볼수록 아득히 높다." 라고 했다. 승려가 이 말을 듣고 묵묵히 눈을 감더니 이윽고 의사에게 말하기를, "그대는 망령되고 나는 허망하다! 모두 잠우의 의혹이다" 라고 했다.

〈評釋〉

승려와 의사가 차 마시는데 노인이 들어 왔다.

스님 : 인도의 모든 부처는 지금, 용궁에 모여 있다.

의사 : 그건 위험한 일이다. 의사의 말에 스님이 놀라 묻는다. '그건 어찌된 일인가?'

의사 : 나는 부처의 가르침은 마음으로 생각하는 것이라 들었다. 마음은 火의 성질을 갖고 있다. 용궁은 水불의 성질이다. 水와 火는 반드시 상충한다. 물이 이기면 불이 쇠하고, 불이 이기면 물이 쇠한다. 모든 부처의 불이 大海 속에 있다는 것은 水火가 다툴 위험이 크다. 이것을 듣고 승려가 잠자코 있다.

사옹 : (이 문답을 듣고 웃으며) 사실인 것 같지만 사실이 아닌 것은 거짓이다. 理와 유사하나, 理와 다른 것을 虛妄이라 한다. 꿈속의 가상인 山은 아무리 높아도 허망이다. 라고 꿈을 예로 들어 그 虛를 지적했다.

이것을 들은 승려와 의사는 어느 쪽이 거짓이고 허망인가. 어느 쪽이 바보인가 하는 허튼소리, 蔡溫은 어째서 이런 허구를 만들어 냈는가? 그 당시 횡행하던 이런 류의 미신을 타파하기 위해서였던가?

〈注〉

· 火盛卽水衰 – 중국의 우주 성립 설명은 우선 陰陽二氣의 활동으로 천지만물이 생겼다고 한다. 二氣의 작용으로 木火土金水, 다섯 원소가 생겼다는 것이다. 이 음양오행설에서 여러 미신이 생겨났다. 오행중 火性을 받은 여자는 기가 강해서 남자를 죽인다는 등의 얘기가 그러하다. 목화토금수 오행에 兄. 弟를 붙여서 열 종류로 나누어 十干이라 한다. 이 十干에서 토성은 목에 진다. 수는 금에 진다. 금은 화에 진다. 화는 수에 진다는 미신이 생겼다. 이 미신이 채온 시대에는 성행하여 이상과 같이 승려와 의사 사이에 황당무계한 이야기가 이뤄진 것은 아닐까? 채온은 유타(p.251)를 금지했다. 그 입장에서 미신 배격의 이야기를 만들어 낸 것은 아닐까? 그 미신을 의사에 의해서 말하게 했다. 옛날 중국에서 巫醫라는 말이 있듯이, 의사는 약으로 병을 고친다. 巫는 기도하여 무술로 병을 고친다는 점에서 동등하게 다뤄졌다. 蔡溫이 의사를 등장시켜 미신을 꺼내게 한 것은 그 당시 沖縄에는 아직 巫醫가 동렬로 대접받고 있었던 때문일 것으로 추정된다.

31

僧謂簑翁曰 一心念佛 孜孜弗懈 雖罪過之人 死往陰府 必登極樂之境 或其再世必生富貴之家 翁曰甚矣一時權語 至後世深入人心如此 僧問何謂也 曰人情之欲 一氣之惑 或因物而生 或因事而興 往往世人爲欲惑所敝 而是此心常受煩惱 是世俗之通病也 苟能盡誠念佛 則念佛之間 稍免煩惱之憂 是唯修心之一助也 豈有陰府之所累耶 夫陰府者 本非實有 但釋氏假設此說要使愚逆之人行善絕惡而已 其實乃一時權巧之語 豈可以爲實有乎 故曰迷故三界域 悟故十方空 夫一空中有何極樂 有何苦楚 若謂此人死 復出世能受富貴 則中國聖賢 天竺佛氏之徒 何爲乎嘗無一人再出于世也 若謂罪過之人 賴念佛之力 以登極樂之境則佛必受賂 或有偏愛而非可崇焉 此豈釋氏實法之本意耶 僧曰如翁言 則人家祭祖宗者 豈非謬乎 夫祭祀之禮 不譽吾釋行之 中國聖人亦能行之 然則聖人釋氏 皆有謬乎 翁曰何其僧之不明 如斯之甚也 蓋天地間人物其衆 夫人之所異于禽獸者唯以其有禮也 若舍禮爲之 則與禽獸何以別乎 是故往古聖人立紀綱興禮樂 自爾而來 天下之人 事生以禮 葬之以禮 祭之以禮 而不敢負聖人之教矣 釋氏之興禮法 其旨一也 豈係陰府之故耶 僧既知釋氏度衆之法 亦何不知釋氏度衆之旨也 僧欣欣然而喜曰 吾爲僧既久 今日纔聞如斯之詳矣

승려가 사옹에게 말하기를, "一心으로 염불하기를 잠시도 게을리

하지 않고 열심히 하면, 비록 죄과를 지닌 사람일지라도 죽어서 저승에 가서는 반드시 극락의 경지에 오를 것이고, 혹 이 세상에 다시 태어나도 반드시 부귀한 집안에 태어날 것이다."라고 했다. 사옹이 말하기를, "심하도다! 한 때의 권하는 말이 후세에 이르러 人心에 깊이 들어감이 이와 같도다!"라고 했다. 승려가 물어 말하기를, "어찌 그렇게 말씀하십니까?"라고 했다. 사옹이 말하기를, "人情의 욕망과 일기(一氣)의 현혹됨은 혹은 物로 말미암아서 생기고, 혹은 事로 말미암아 흥한다. 간혹 세상 사람이 욕심과 의혹에 가린 바가 되어서 이 마음이 항상 번뇌를 당하게 된다. 이것이 세속인의 통병이다. 진실로 능히 성실하게 염불하면, 곧 염불하는 사이에 점차로 번뇌의 근심을 면할 수 있다. 이것이 오로지 마음을 닦는 것의 한 가지 도움이다. 어찌 저승의 얽힌 바가 되겠는가? 대저 저승이라고 하는 것은 본디 실제로 있는 것이 아니다. 다만 석씨가 이 말씀을 빌려서 베풀어서 어리석고 거스르는 사람으로 하여금 선을 행하고, 악을 근절케 했을 따름이다. 그것은 사실 한 때의 권면하는 공교로운 말이니 어찌 가히 써 실제로 있다고 여기겠는가?"라고 했다. 그렇기 때문에 말하기를, "미혹되었으므로 삼계의 열뇌에 떨어지고 깨우쳤으므로 시방 三世가 空하다고 했다. 하나의 空에 어찌 극락이 있으며, 어찌 고초가 있겠는가? 만일에 사람이 죽어서 다시 세상에 나와서 능히 부귀를 받을 수 있다면, 곧 중국 성현과 천축의 부처 무리가 어찌해서 한 사람도 세상에 다시 나오지 않았겠는가? 만약에, 이를테면 죄과를 지은 사람이 지극한 염불의 힘에 힘입어 극락에 갔다면 부처는 반드시 뇌물을 받은 것이다. 혹은 편애함이 있다면 가히 숭상 받을 수 없다. 이것이 어찌 석씨의 실법의 본의이겠는가?"라고 했다. 승려가 말하기를, "사옹의 말 같으면, 人家에서 조종에 제사 지내는 것은 어찌 그릇된 것이 아니겠는가? 대저 제사의 예는 우리의 불가에서 행하는 것이고, 중국의 성인 또한 능히 행하는 것이다. 그런즉 성인과 부처 모두에게 잘못이 있는 것인가?"라고 했다. 사옹이 말하기를, "어찌해서 그 승려의 현명치 못함이 이와 같이 심한가? 천지간 人物의 무리 가운데 대저 사람만이 금수와 다른 바가 있는 것은 오직 그 예의를 가진 때문이다. 만일 예를 버린다면 곧 금수와 더불어서 무엇이 다르겠는가? 이런 까닭에 옛날의 성인은 기강을 세우고 예악을 일으켰다. 이때 이래로 천하의 사람들은 산 사람을 섬김을 예로써 하고, 장례 지냄을 예로써 하고, 제사 지내기를 예로써 하면서 감히 성인의 가르침을 저버리지 않았다. 석씨가 예법을 일으킴에 있어서 그 뜻도 또한 한가지이다. 어찌 음부에 얽매인 때문이겠는가? 승려는 이미 석씨의 중생 제도의 법을 알면서도 또한 어찌 석씨의 중생제도의 뜻을 알지 못하는가?"라고 했다. 승려가 흔연히 기뻐하며 말하기를, "내가 승려가 된지 오래인데, 오늘에야 겨우 이와 같이 상세한 말씀을 들었습니다."라고 하였다.

〈評釋〉

승려 : 죄인이라도 열심히 염불하면 저승에서는 극락 간다. 다시 태어나나면 부귀한 집안에 태어난다.

노인 : 심각한 오해다. 일시 방편으로 만들어낸 이야기를 이렇게 믿다니.

승려 : 방편으로 만들어진 것은 왜인가?

노인 : 人情의 欲이나 氣의 미혹함은 物이나 事에 의해 일어난다. 세속 사람은 미혹함에 의해 번뇌에 사로잡히는 것이 대부분이다. 이 번뇌나 欲惑을 억누르기 위해 염불을 한다. 염불하

는 사이에 번뇌, 욕망의 근심을 잊는다. 이것은 불교의 수양 방법이다. 저승의 극락에 가기 위한 것이 아니다. 저승은 실재하지 않는다. 석가가 방편으로 만들어내어 우둔한 사람이 악을 근절하고 선을 이뤄가도록 만든 이야기이다. 그러므로 미혹한 마음으로는 心에 과거세, 현세, 내세가 있다. 깨달으면 十方은 空이다. 과거세, 내세는 커녕 현세조차 空이다. 이 하나의 공간에 어찌 극락, 지옥이 있겠는가? 사후에 다시 살아서 부귀를 받는 신분이 된다면 중국의 성인, 인도의 불도가 한 사람도 이 세상에 태어나지 않은 사실은 어떻게 설명할까? 만일 죄인이 염불의 힘으로 극락에 다시 태어난다면 석가가 염불이라는 뇌물을 받아 편애했다는 것이 된다. 이것이 석가의 본의는 아닐 것이다.

승려 : 노인이 말하는 대로라면, 선조를 제사지내는 것도 잘못된 일이다. 선조에게 제사지내는 禮는 중국이나 인도나 모두 같다. 그렇다면 공자나 석가가 틀린 것인가?

노인 : 스님은 어떻게 그리도 이해가 부족한가? 사람이 조수와 다른 것은 예의를 지키기 때문이다. 예의를 버리면 조수와 마찬가지이다. 그러므로 공자 등의 성인이 政道, 人道를 세우고 禮儀音樂을 만들었다. 그 후 天下人은 살아서는 예의 질서가 되고 장례도 성인의 가르침에 어긋나지 않게 되었다. 이것은 석가의 예법도 마찬가지이다. 그것들은 산 사람의 질서 유지를 위한 것이고, 저승에 가는 준비로서 하는 게 아니다. 스님은 석가가 중생을 구제하는 방법은 알고, 그 의미를 모르고 있다.

승려 : 나는 당신의 말을 듣고 염불 외우는 것, 지옥극락의 가르침, 삼세 윤회의 가르침이 假說이고 방편임을 알게 되었다.

〈注〉

· 念佛 – 南無阿彌陀佛을 외우는 것. 念佛宗에서는 이 여섯 자를 외우는 것만으로도 극락왕생 한다고 한다. 채온은 이것을 사람이 사는 수양방법으로 해석한다. 그러는 염불에는 신앙의 깊은 의미가 있지 않을까?

· 煩惱 – 인간의 미혹함, 욕망, 백 팔 가지라 하여 백팔번뇌라 한다.

· 三世 – 과거세, 현세, 내세, 미래세

· 十方 – 四方, 四隅上下. 天下宇宙

32

隣士謂簑翁曰 僧皆說因果之事 敢問 夫因與果其字義如何 翁曰因果二字 譬之水焉 因卽源也 果卽流也 吾略說之 夫婦妙合處卽因也 源也 生而賢愚旣分卽果也流也 一念稍萌而善惡分 善惡旣分 禍福起 夫一念萌處卽因冶源也 禍福起處卽果流也 人能志學而得才德 志學卽因也源也 才德卽果也流也 人能好農而獲稻穀 好農卽因也源也 獲稻卽果也流也 當推此類以知其餘 大凡日用事物間 一念一行無大無小 皆莫非因果二字矣 人能說因果如此 則因果二字乃衆生修身之規矩也 惜後世之說因果者有指鹿爲馬之謬 豈釋氏垂敎之本旨耶 士曰僧說天堂地獄之事果有然否 翁曰善屬陽 惡屬陰 是故釋氏之立敎 而積善之家名之曰天堂 積惡之家名之曰地獄 然則天堂地獄唯在生前 豈在死

後 今世之人 知釋氏立敎 而不知釋氏立敎之旨者衆矣 誠可爲之嘆焉

인근의 선비가 사옹에게 말하기를, "승려가 모두 인과의 일을 말하니, 감히 묻건대 대저 因과 果의 그 글자 뜻은 무엇입니까?"라고 했다. 사옹이 말하기를, "因果 두 글자는 물을 비유로 들어서 말하자면, 因은 곧 源이고 果는 流이다. 내가 간략히 이를 설명하면 夫婦가 妙合하는 것이 곧 因이고 源이다. 자식을 낳아서 현우가 이미 나뉘는 것이 곧 果이고 流이다. 한 생각은 조금 싹이 되어서 선과 악이 나뉘고, 선악이 이미 나뉘었으니, 화복이 일어난다. 대저 한 생각이 싹트는 곳이 因이고 源이다. 화복이 일어나는 곳이 果이고 流이다. 사람이 능히 학문에 뜻을 두고 才德을 얻는데, 志學이 因이고 源이며, 才德이 곧 果이고 流이다. 사람이 능히 농사를 좋아해서 벼와 곡식을 얻는데 농사를 좋아하는 것이 곧 因이고 源이며, 벼와 곡식을 얻는 것이 곧 果이고 流이다. 마땅히 이러한 부류를 미루어서 그 나머지를 알 수 있다. 대개 일용 사물 간에 한 생각 한 행위가 크고 적고 간에 모두 因果 두 글자가 아님이 없다. 사람이 능히 인과를 이와 같이 말하면 因果 두 자가 곧 중생들의 마음을 닦는 척도가 된다. 애석하게도 후세의 설에 인과를 말하는 것이 사슴을 가리켜 말이라고 하는 잘못을 저질렀으니 어찌 석가의 가르침을 내린 본뜻이겠는가?"라고 했다. 선비가 말하기를, "승려가 천당과 지옥을 말하니, 과연 있는 것입니까?"라고 했다. 사옹이 말하기를, "善은 陽에 속하고, 惡은 陰에 속한다. 이런 까닭에 석가는 가르침을 베풀 때에 선을 쌓는 집을 천당이라 하고,

악을 쌓는 집을 일컬어서 지옥이라고 하였다. 그런즉 천당과 지옥은 오직 살아생전에만 있을 따름이고, 어찌 죽음 뒤에 있겠는가? 오늘날, 사람들은 석씨의 가르침을 만든 것은 알고 가르침을 만든 본뜻을 알지 못하니 진실로 가시 탄식할 일이로다"라고 했다.

〈評釋〉

선비가 스님이 말한 인과설에 관해서 묻자 노인이 대답한다.

노인 : 因果라는 두 글자는 물로 비유하자면 因은 根源, 果는 下流이다. 부부 묘합은 因이고 자식의 태어남은 果이다. 人心에 한 가지 생각이 떠오르는 것이 인이고, 그 사상이 선악화복이라는 행동으로 되어 나타나는 것이 果이다. 학을 지향하는 것이 인이고, 기술덕행이 果이다. 농부가 농을 좋아하는 것이 인이고, 수확은 果이다. 인간 일상의 一念一行 모두 인과율에 지배받는다. 인과는 이와 같으니, 이것은 인간이 몸을 다스리는 규범이다. 그런데 후세의 인과를 말함은 인간 생활의 법칙을 무시하고, 말을 가리켜 사슴이라 하는 오해를 일으키는 것이다. 석가의 인과설에 어긋나는 것이다.

선비 : 스님이 말하는 지옥극락은 있는가?

노인 : 선은 양성을 행하는 사람이나 家는 극락이다. 악이란 음성을 행하는 人이나 家는 지옥이다. 그러므로 지옥극락은 현세에 있지, 저승에 있지 않다. 석가의 지옥극락 가르침을 알고, 그 참뜻을 모르는 것은 유감이다.

前章과 같이 유교입장에서 현세적 해석을 한다.

33

簑翁與士人俱過山寺 見其階前有松榴花 或花太盡美 或花偏不美 或花不能綻 或爲虫所通 一樹之花 各船樣不齊 翁卽逐花指之曰 此花乃受前世之善報 此花乃受前世之惡報 此花乃花之有功德者之再世 此花乃花之有罪過者之再世 嗚呼不可見之面戒其心乎 士人曰花有何報 有何罪過 有何功德 此等之說豈非權巧戒愚之說耶 翁笑花亦物也 人物之生無不皆然 故雖兄弟各船楊不齊 僧聞此語 慨然嘆曰數十年來 障礙之迷 今始破之

사옹이 선비와 더불어서 함께 산사를 지나가다가 섬돌 앞에 松榴花가 피어 있음을 보았는데, 어떤 꽃은 전체가 아름답고, 어떤 꽃은 일부분이 아름답지 않고, 혹은 꽃이 능히 필 수 없는 것, 혹은 벌레 먹어 병을 앓는 것 등으로, 한그루에 꽃이 핀 것이 각양각색이고 한결같지 않았다. 사옹이 곧 꽃을 좇아가 이를 가리키며 말하기를, “이 꽃은 곧 전생의 선한 응보를 받은 것이고, 이 꽃은 전생의 악한 응보를 받은 것이고, 이 꽃은 꽃이 공덕이 있는 꽃이 세상에 다시 나온 것이고, 이 꽃은 꽃의 죄과가 있어 다시 세상에 나온 것이다. 오호라! 가히 볼 수는 없어도 그 마음을 낯빛으로 드러내 경계케 하는구나!”라고 했다. 선비가 말하기를, “꽃이 어찌 업보가 있겠는가? 어찌 죄과가 있겠는가? 어찌 공덕이 있겠는가? 이것 등속의 말은 어찌 공교롭게 권하고 어리석음을 경계하는 말이 아니겠는가?”라고 했다. 사옹이 웃으며 말하기를, “꽃은 또한 物이다. 人物이 생겨남에 있어서 모두 그러하지 않음이 없다. 그렇기 때문에 비록 형제라 하더라도 각양각색으로 고르지 않다."라고 했다. 승려가 이 말을 듣고 개연히 탄식하면서 말하기를, "수십년동안 계속되어 오던 장애의 미혹됨이 오늘에야 비로소 깨졌다"라고 했다.

〈評釋〉

사옹이 선비와 절 앞에 있는 松榴花를 봤다. 전체적인 美, 일부분의 미, 충분히 필 수 없는 것, 벌레 먹은 것, 한그루 나무에 핀 꽃 등 실로 여러 가지이다. 사옹이 말하기를, "이 꽃은 전세의 좋은 업보, 이 꽃은 전세에 나쁜 업보로 인해 이렇게 미추가 나뉜다. 이 꽃은 선행, 이 꽃은 악행으로 인해 이렇게 되었다. 이것을 보고 인간도 경계 삼는 것이 어떤가?" 하였다. 선비가 이에 말하기를, "꽃에는 전세의 업보, 행의 선악은 없다. 이런 전세의 업보나 악인악과, 선인선과는 만든 얘기로 중생을 훈계하기 위한 것이 아닐까?"하였다. 사옹이 다음과 말하였다. "꽃이든 인간이든 마찬가지이다. 같은 형제라도 다른 법이다."이상의 문답을 듣고, 수십년간의 미혹함을 깨우쳤다고 승려가 말하였다.

蔡溫이 불교의 인과설 등을 權巧假說이라 하여 이것을 타파하기 위해 힘썼다. 혹은 불교의 유교공격을 방호하려고 하는 의도인가? 本篇에서는 이것에 관한 언급이 낳다.

34

鄕人謂簑翁曰 夫簡編中 多載仙術奇異之事 敢問此等之術可得學乎 翁曰仙乃妖術也 是故仙術必有仙骨者 纔得學之 茍無

仙骨者 雖欲學之 如攀雲而登天 竊想 生而仙骨全具者 恐四海蒼生之中 唯有一兩輩耳 縱有仙骨學之 何用 夫仙人離乎天倫五常之道 或駕雲乘霧 或出沒變革 而世間最賤者之妖術也 何足貴焉 鄉人日吾聞 飛仙變化之術出於老子 而其術足權焉 翁曰老子豈有飛仙變化之術耶 老子以入無爲言 而其旨固足有執乎 唯因玄語而舍禮法 是吾儒謂之異端耳

향인이 사옹에게 말하기를, "대저 책 가운데 선술의 기이한 일이 많이 실려 있으니, 감히 묻건대 이러한 등속의 술법은 가히 배울 수 있습니까?"라고 했다. 사옹이 말하기를, "신선이라고 하는 것은 곧 요술이다. 이러한 까닭에 선술은 반드시 선골이 있는 사람이라야, 겨우 배워서 얻을 수 있다. 진실로 선골이 없다면 비록 이것을 배우고자 할지라도 마치 구름을 타고 하늘에 오르는 것과 같다. 가만히 생각해 보면 나면서 선골을 함께 갖춘 자는 아마도 사해창생 가운데 오로지 한 두 사람만이 있을 따름이다. 비록 선골이 있어서 이를 배울지라도, 어디에 쓰겠는가? 무릇 선인들은 천륜과 오상의 도리에서 떠나서 혹은 구름을 타고 안개를 타기도 하고, 혹은 나타났다 숨었다 변했다 바뀌었다 해서 세간에서 가장 천한 자의 요술이니 어찌 족히 귀하다 하겠는가?"라고 했다. 향인이 말하기를, "내가 듣건대 飛仙變化의 술법이 老子에서 나와서 그 술법이 족히 볼 만하다고 한다."라고 했다. 사옹이 말하기를, "노자가 어찌 비선변화의 술법이 있었겠는가? 노자는 무위에 들어가는 것을 말하고자 해서, 그 뜻이 진실로 (무언가를) 잡음이 있다. 오직 玄語로 말미암아 예법을 버리니 이것이 우리 유가는 이를 이단이라 일컬을 따름이다."라고 했다.

〈評釋〉

鄕人이 책 속에는 仙術과 기이함을 적은 것이 많은데 이런 술법은 누구나 배울 수 있는가 묻는다. 사옹은, "仙術은 요술이다. 그러니 선술은 선인의 骨法, 선천적 기질을 갖춘 자가 겨우 배울 수 있다. 선천적 기질로서 선인적 기질이 없는 자는 구름타고 하늘로 올라가는 것과 같이 불가능하다. 선인적 기질을 타고난 자는 세상에 한두 사람뿐이다. 비록 선인적 기질을 가지고 있어도 이것을 배워 행할 수는 없다. 선인은 인간의 오륜 오상의 도를 떠나 구름타고 안개타고 變幻出沒하는 등, 세상에 가장 천하고 괴이한 術이다. 신기한 바가 전혀 없다."고 하였다. 향인은 "선인이 되어 하늘을 나는 術은 노자에서 나왔다는데 사실입니까?"하고 묻자, 노옹은 답했다. "노자는 飛仙變化의 術을 모른다. 노자는 無我境, 세간을 부정·권력을 부정하는 허무의 가르침이다. 그 가르침은 매우 훌륭한 가르침이다. 단지 玄語로 세간 예법을 부정하므로 우리 儒家에서는 이단이라 하여 이를 비난한다.

〈注〉

· 仙術 – 산에 들어가 불로장생하는 술법을 수양하는 것. 그 術을 얻은 사람이 仙人, 仙丹을 만들고, 이슬을 먹는 등의 여러 수행을 한다. 중국에서는 이것이 실재 한다고 믿는다. 尙円과 함께 尙德을 멸망시킨 內間大親 전설에서는 沖繩에도 선인이 있었다고 한다.

· 入無爲言 – 虛無에 들어가는 것으로 敎義를 삼다.

· 玄語 – 본래 無一物, 寂滅爲樂, 諸行無常 등의 객관, 심오한 사상.
· 異端 – 정통사상에 대립하는 사상. 여기서는 유교를 정통으로 하는데 대해, 이에 대립하는 불교·도교를 이단으로 여긴다.

35

一士一僧 偶訪簑翁 士曰孔子亦有願乎 翁曰有 僧曰釋迦亦有願乎 翁曰有 僧士笑曰 凡夫必有願 故煩惱常興 苟如翁言 則孔子釋迦皆凡夫也 何足貴焉 翁嘆曰井蛙窺天之語 固非誣焉 盖孔子釋迦 視蒼生如一體 必也欲使天下蒼生 各能修身以致泰安之治 如大旱之望雲霓 此則孔子釋迦之願也 是故孔子釋迦 其教雖異 苟論其用 則皆欲治蒼生而已矣 後世之人 唯知其教不同 而不知其用之歸一矣 噫世人如此 則道之不明亦宣矣 士曰釋氏之言施於中國可乎 翁曰 夏則用葛 冬則用裘

한 선비와 한 승려가 우연히 사옹을 방문해서, 선비가 말하기를, "공자가 또한 바라는 것이 있습니까?"라고 물었다. 사옹이 말하기를, "있다"고 했다. 승려가 말하기를, "석가가 또한 바램이 있습니까?"라고 했다. 사옹이 말하기를, "있다"고 했다. 승려와 선비가 웃으며 말하기를, "범부는 반드시 바램이 있는데, 그렇기 때문에 번뇌가 일어나는 것입니다. 진실로 사옹의 말과 같다면 공자와 석가가 범부입니다. 어찌 족히 귀하다고 하겠습니까?" 사옹이 탄식해 말하기를, "우물 속 개구리가 하늘을 바라본다는 말이 진실로 거짓이 아니로다. 대개 공자 석가는 백성들을 한 몸같이 보면서 반드시 천하의 창생으로 하여금 각기 능히 몸을 닦아서 태안지치(泰安之治)에 이르고자 하기를 마치 대한 가뭄에 구름과 비구름을 바라는 것과 같이 했다. 이것은 곧 공자와 석가의 바램이다. 이러한 까닭에 공자와 석가는 그 가르침이 비록 다르지만, 진실로 그 발용으로 논하건대 곧 모두가 백성을 다스리고자 했을 따름이다. 후세의 사람들은 오직 가르침이 같지 않음만을 알고 그 발용이 하나로 귀결되는 것을 알지 못한다. 슬프다! 세상 사람이 이와 같으니 도가 밝혀지지 않고 또한 베풀어지지 않는구나." 선비가 말하기를, "석가의 말이 중국에 베풀어지는 것이 가능합니까?"라고 했다. 사옹이 말하기를, "여름인즉 갈옷을 입고, 겨울인즉 가죽옷을 입는다."라고 했다.

〈評釋〉

선비가 묻는다. "공자·석가도 願望이 있는가?" 사옹은 "있다"라고 답한다. 선비가 말하기를, "범부는 늘 원망이 있다. 그래서 번뇌가 끊이지 않는다. 공자·석가에게 원망이 있다면 범부와 같은데, 존경하고 숭상하는데 부족함이 있지 않은가?" 사옹이 답하기를, "그것은 우물안의 개구리가 하늘 보는 것처럼 작게 보는 견해이다. 공자도 석가도 천하인민을 一身同體로 보고 그 安泰를 바라는 데는 일치한다. 그것은 긴 가뭄에 비를 바라는 바와 같다. 공자·석가는 가르침은 달라도 인민을 安泰하려고 하는 작용은 같다. 후세 사람은 그 가르침의 방법이 다른 것을 보고, 본체가 하나임을 모른다. 진실로 不明이다."라고 했다. 선비가 묻는다. "부처의 가르침이 중국에서 행해져도 되는가?" 사옹은, "여름에는 마옷, 겨울에는 가죽옷을 입는다. 중국에는 중국의 가르침, 인도에는 인도의 가르침이 있다."고 답했다.

〈注〉

· 蒼生 – 人民

· 葛 – 마옷

· 裘 – 겨울에 입는 가죽옷.

36

參學之士問簑翁曰 老莊佛氏各立其道 而與聖人相反獨何也 翁曰道者原出于天 而非私竊之可爲焉 是故聖人指律天處曰人道 人道卽天道也 此所謂天人一理 而聖人精一執中之秘旨 全在于此 釋氏度衆之本旨亦如此 唯老莊私竊有言 而有逆于聖人之秘旨 士愕然曰 釋氏卽老莊之屬 而其爲害非輕, 豈可以較聖人乎 翁曰汝不知諸 夫中國乃群聖交出之地也 老莊生長其地 徒談虛無而攪人道 此非聖門之罪人而何哉 釋氏獨生天竺 前無群聖 後無遺族 只見天竺衆生 奸邪暴戾無所不爲 釋氏不得已 因時勢察俗情 假說幽冥 權說法敎 要使衆生 戒惡行善以除暴邪之病耳 此是釋氏專爲天竺 竭心盡力而慈悲深大之功德也 奈當漢明之時 其法其敎 流入中國 自爾以來 學釋氏者 視中國如天竺 此學釋氏者之謬也 豈釋氏之本旨耶 歷年旣遠 加謬愈甚 由是宋儒禁之曰 佛氏之言 比之楊墨 其爲害尤甚云爾 此學佛氏者之所賊釋氏也 吾深爲釋氏惜焉 故吾嘗謂夏則用葛 冬則用

袭 士憬然悟曰 吾閱史書 自漢而下 慕天下者皆曰 吾學舜禹之道 殺其君者皆曰 吾學湯武之道 嗚呼 斯舜禹湯武之道耶 抑學他者之謬耶 吾亦爲舜禹湯武惜焉

참학하는 선비가 사옹에게 물어 말하기를, "老莊佛氏가 각기 그 도를 세웠는데, 성인과 더불어서 상반되는 것은 다만 어찌 된 것입니까?"라고 하자, 사옹이 말하기를, "道라고 하는 것은 본디 하늘에서 나오는 것으로 사사로이 훔치는 것이 가능한 것은 아니다. 이런 까닭에 성인은 천리를 따르는 것을 일컬어서 人道라고 하고 人道는 곧 天道이다. 이것은 이른바 天人一理이니 성인이 정신을 집중하는 숨겨진 뜻이 온전히 여기에 있는 것이다. 석씨가 중생을 제도하는 본지도 또한 이와 같다. 오직 노장만이 사사로이 훔쳐 말하는 것이 있어서 성인의 은밀한 뜻에 거스름이 있다."라고 말했다. 선비가 놀라서 말하기를, "석씨는 곧 노장의 등속이다. 그 해로움이 가볍지 않으니 어찌 가히 써 성인과 비교할 수 있겠는가!"라고 했다. 사옹이 말하기를, "너는 모르는가? 대저 중국은 곧 뭇성인들이 많이 나오는 땅이다. 노장은 그 땅에서 나서 자랐으면서 그 무리들이 虛無를 이야기해서 人道를 교란시켰다. 이것이 성문이 죄인이 아니고 무엇이리오! 석씨는 홀로 전축에서 태어났는데 전에도 성인의 무리가 없었고 뒤에도 남긴 족속이 없었다. 다만 천축의 중생들이 사악하고 포악하여 짓을 하지 않는 일이 없는 것을 보고서 석씨가 부득이하게 시세를 따르고 속정을 살펴서 유명을 빌려 말했고 임의적으로 法敎를 베풀었으니, 모름지기 중생으로 하여금 악을 징계하고 선을 행하게 하여 포악하고 사악한 병폐를 제거하고자 했을 따름이다. 이것이 석씨가 오로지 천축을 위해서 마음과 힘을 다해서 자비심이 심대한 공덕이다. 마침내 한명의 시기를 당하여 그 법과 가르침이 중국에 유입되었다. 그때 이래로 석씨를 배우는 사람들이 중국을 천축과 같이 여기니 이것은 석씨를 배우는 자들의 잘못이지 어찌 석씨의 본뜻이겠는가? 해가 갈수록 그 잘못이 더해지는 것이 심해졌다. 이로 말미암아 송나라 선비들이 금하여 말하기를, '불씨의 말은 楊子와 墨子에 견줄 수 있으니 그 해로움이 더욱 심하다'고 했다. 이것은 불교를 배우는 사람들이 석씨를 해친 바이고 내가 석씨를 위하여 깊이 애석하게 여기는 바이다. 그렇기 때문에 나는 일찍이 여름이면 칡옷을 입고 겨울이면 가죽옷을 입는다고 했던 것이다. 선비가 깨달아 알아차리고 말하기를, "내가 역사서를 보니 한나라 이래로 천하를 사모하는 사람이 모두 말하기를, '우리 배움은 舜禹의 道라'하고, 그 임금을 죽이는 자들이 모두 말하기를, '우리는 舜禹의 道를 배운다'고 했으니 오호라! 이것은 순우탕무의 도리인가? 아니면 그것을 배우는 자의 잘못인가? 나도 또한 순우탕무를 애석하게 여긴다."라고 했다.

〈評釋〉

선비가 묻기를, "노자·석가의 가르침이 공자의 가르침과 상반되는 것은 왜인가?"라고 했다.

사옹이 대답하였다. "유교의 인륜은 하늘에 기초한다. 개인이 멋대로 만든 것이 아니다. 공자가 하늘에 따르는 도리를 밝힌 것이 天道이고, 천도를 밝혀 도덕을 세워 따르는 것이 인도이다. 이것이 天人一體가 되는 길로써 정신일치하여 행하는 중용의 도이다. 석가가 중생을 제도하는 본뜻도 이와 같다. 단지 노장은 다르다. 자기 개인의 사상을 만들어 공자의 심오한 가르침에 역행한다.

이것을 듣고 놀란 선비가, “석가와 노장의 가르침은 세상을 空으로 보는 점에서 일치한다. 노장이 나쁘다면 석가도 나쁘다. 석가만을 공자와 함께 다루는 이유는 무엇인가?”

사옹이 대답했다. “중국은 예전부터 오늘날까지 많은 성인이라 불리는 儒徒가 배출되었다. 노자, 장자는 그런 중국에 태어나서 군신의 도, 부자·부부의 인륜을 인정하지 않고 인륜을 혼란시켰다. 성인과 동렬에 둘 수 없다. 오히려 聖門의 죄인이다. 석가는 인도에서 태어나 그전에 성인이 태어나지 않았고 그 후에도 성인이 남아있지 않은 유일한 성인이다. 그런 석가가 인도인민이 사악·폭악한 행동에 빠지는 것을 보고, 마음을 다해 자비의 가르침을 세우고 이를 구하려 한 것은 大功德이다. 後漢의 明帝때에 불교가 중국에 들어왔다. 그 후 석가의 가르침을 배운 자가 중국을 인도와 마찬가지로 생각해 왔으나, 이것은 불교도의 큰 차이이다. 그러므로 시간이 지나 오늘에 이르러 그 차이가 심각해졌다. 이제 불교가 번성해져서 유교를 압박해 왔다. 당나라 한유는 이것을 걱정하여, 原라道는 글에서 불교는 楊子, 묵자의 가르침처럼 해가 있다고 극언했다. 이것은 본도 자신이 중국의 道를 모르고 불교에 심취했기 때문에 생겨난 것으로, 오히려 중국의 불교도가 석가의 적이 되는 결과를 낳았다. 심히 유감스러운 일이다. 나는 전에 여름에는 마옷, 겨울에는 가죽옷을 입어야 한다고 했다. 중국은 중국의 옷을 입어야 하는데, 불교도는 이것을 잊고 중국의 혼을 부처에게 팔고 있다.”

선비가 말하기를, “한학이 일어나 다시 공자의 가르침이 밝아지고 나서는, 모두 자신은 요순의 도를 배운다고 한다. 이에 반해서 그 主

君에 반역하는 賊臣은 자신은 湯武의 도를 배운다고 한다. 아, 이 반역자가 끌어와 자신의 반역을 정당화하는 논리로 이용되는 것이 湯武의 도인가, 애시당초 이것을 배워서 다른데 이용하지 않은 자의 잘못인가? 舜, 禹, 湯, 武의 정당함을 주장하기 위해서는 유감스런 일이다."라고 했다.

〈注〉

· 精一執中 – 정신을 통일하여 중용의 도를 행한다.

· 老莊私窃有言 – 노장사상은 허무를 중시한다.(이점은 불교의 空觀과 비슷하다), 孔子教의 도덕을 초월하여 실천도덕을 무시한다. 이것을 私窃의 言이라 했다.

· 幽冥을 가설로 하다 – 지옥극락을 가설로 하여 가르침의 방편으로 삼았다.

· 漢明帝에 불법이 중국에 유입되었다 – 후한 명제 때 불교가 중국에 들어왔다. 이후 삼국시대의 吳에 인도승이 강남에 와서 절을 지었다. 南朝의 晋, 宋, 齊, 梁, 陳, 隋 및 北朝의 北魏에서는 불교가 성행하게 되어 유교가 쇠했다.

· 楊墨 – 楊子, 墨子. 둘 다 周의 사상가. 양자는 爲我說(이기주의)을 주장, 타인·국가·군주를 생각지 않는다. 묵자는 兼愛說(박애주의)을 주장, 무차별 평등으로 사람을 사랑하여 남의 부모·자식도 똑같이 대해야 한다고 주장.

舜禹湯武의 道 – 虞國의 舜王, 夏國의 禹王, 殷國의 湯王, 周國의 武王. 이들 왕은 유교에서 최고의 聖王으로 삼는다. 하의 걸왕, 은의 주왕에 이르러 포악함이 극에 달해 국민이 도탄에 빠졌다. 국민을 구하기 위해 은의 탕왕이 의병을 일으켜 걸왕을 죽이고 은을 세웠다. 은나라의 주왕도 역시 학정으로 치닫자 주의 무왕이 아버지 문왕과 함께 멸망시키고 주나라를 세웠다. 맹자에 "하나라 신하인 湯이 그 주군인 걸왕을 죽인 것은 신하의 도에 반하는 것이다. 마찬가지로 문왕도 그 주군인 주왕을 죽였다. 유교에서 이들 반역자를 성인으로 높여 숭상하는 것은 잘못이 아닌가하는 물음에 대해, 맹자는 惡逆無道한 왕은 하늘이 버리고, 천명도 사라진다. 천명이 사라졌을 때에는 왕이 아니라 필부이다. 이 두 왕은 이미 천명이 다해 왕이 아니다. 왕을 시해한 것이 아니라 필부를 죽인 것이다. 그러니 반역이 아니다."라고 설명하는데 대해서, 천명이 다했다는 것을 어떻게 알 수 있는지 묻는다. 이에 대해 맹자는 "백성의 소리는 하늘의 소리이다. 백성에게서 지탄의 소리를 듣는 왕은 이미 천명이 다한 것이다."라고 명쾌하게 설명했으나, 왕을 죽인 반역자라는 사실은 명료하다. 후세의 반역자는 자신의 반역을 변호하기 위해 이것을 이용했다

37

二士來訪簑翁 一士曰今天旱甚 何不禱雨翁曰有此理否 士曰湯聖人也 禱雨於桑林之野 翁曰汝知湯禱雨 而不知湯禱雨之慮 士曰請承教 曰湯放桀以興商室 人心大悅 以爲暴君亡仁君興之

時 奈湯踐祚後 天旱數年 人心窃疑以爲天又棄湯之變 當此時 非湯王德力 亦將見天下傾履 萬民塗炭之憂 由是湯王力 權說禱雨之事 以身爲犧牲 自責方事 然後天下信服 以爲億兆父母 而人心定矣 是乃湯之所以定人心 保社稷之慮也 豈有禱雨之理 若有禱雨之理耶 湯宜天旱卽禱 何必延至七年而後禱之 一士曰 吾聞 武王有疾 周公禱以身代 敢問有許愿增壽之理否 翁曰汝 亦知周公許愿 而不知周公許愿之慮 士曰敢問 其慮如何 曰武 王年老 繼商有天下 當此時 非周公德力 孰定周室大業 然武王 兄弟甚衆 太子幼少 恐其變難測 故周公因武王有疾 權說許愿 之事 禱以身代 更納册金縢匱中 武王崩後 果有管叔流言之變 周公居東余年 旣而成王知罪在管蔡 且啓金縢 見周公禱以身代 之事 執書以泣出郊迎公 迎執政權 是乃周公之所以解內變 保 社稷之慮也 豈有許愿增壽之理耶 若有禱事得之理 周公何不爲 文王禱之 孔子何不爲顔淵伯魚禱之 二士渙然悟曰 今纔聞之若 夢方醒 敢問此虛等事 絕而不爲可乎 翁曰此等俗禮 唯視時勢 而執其宜可也

두 선비가 사옹을 찾아와서 한 선비가 말하기를, “지금 가뭄이 극심하니 어찌 비를 빌지 않습니까?”라고 하자, 사옹이 말하기를, “이러한 이치가 있는가?”라고 했다. 선비가 말하기를, “탕은 성인입니다. 상림의 들에서 비를 빌었습니다.”라고 했다. 사옹이 말하기를, “그대는 탕왕이 비를 빈 사실을 알면서도 탕왕이 비를 빈 생각은 알지 못한다.”라고 했다. 선비가 말하기를, “가르침 받기를 청합니다.”라고 하자, 사옹이 말하기를, "탕왕이 桀을 추방하고서 商王室을 일으키자, 백성의 마음이 크게 기뻐하여 폭군은 멸망하고 어진 임금이 일어난 때라고 여겼다. 마침내 탕왕이 왕위에 오르신 뒤에 하늘의 가뭄이 수년이나 계속되었다. 그러자 백성들의 마음은 하늘이 또 탕을 버리는 변화가 날 것으로 여겼다. 이 때를 당해서 탕왕의 德力이 아니고서는 또한 장차 천하가 기울어져서 만민이 도탄에 빠지는 근심을 당할 형편이었다. 이러한 이유로 말미암아 탕왕은 임시로 비를 베푸는 일을 힘써서 몸소 희생을 마련하고 스스로 방사(제사)를 귀하게 하였다. 그런 뒤에 천하가 믿고 복종하였으며 (탕왕이) 億兆蒼生의 부모라고 여기게 되어 人心이 정해질 수 있었다. 이것이 곧 탕왕이 인심을 정하고, 社稷을 보전하려는 생각 때문이었지 어찌 비를 빌고자 하는 이치가 있었던 것인가? 만일에 비를 비는 이치가 있었다면, 탕왕이 마땅히 하늘이 가물면 곧 빌었을 것인데, 하필이면 칠년이나 지연된 뒤에 이를 빌었으리오?"라고 했다. 한 선비가 말하기를, "내가 듣기로 武王이 병이 있어서 周公이 자기 몸으로 대신하도록 빌었다. 감히 묻건대 목숨을 증식할 수 있는 이치가 있는 것인가?"라고 했다. 사옹이 말하기를, "너는 또한 주공의 성실함이 허용되 것만 알고 주공이 허원하고자 하는 생각은 알지 못한다."라고 했다. 선비가 말하기를, "감히 묻건대 그 뜻이 무엇입니까?"라고 했다. 사옹이 말하기를, "武王이 나이가 들어서 商室을 이어서 천하를 가졌다. 이때에 周公의 덕력이 아니고서는 누가 周室의 대업을 정할 수 있었겠는가? 그러나 무왕의 형제들은 많고 태자는 나이가 어려서 변난이 일어남을 예측하지 못할까 두려웠다. 이 때문에 주공이 무왕이 병이 있음을 말미암아서 임의적으로 허원의 일을 베풀었으며 자기 몸으로 대신하기를 빌었다. 다시

冊을 金縢匱에 넣었다. 무왕이 죽은 뒤에 과연 管叔이라는 이가 있어서 헛소문을 퍼뜨리는 변란이 있었다. 주공이 동쪽에 몇 년을 거했다. 成王이 그 죄가 관숙에게 있음을 알고 또한 금등궤를 열고 주공이 몸으로 대신하기를 빈 글이 있음을 보고 글을 잡고서 눈물을 흘리며 교외로 나아가서 주공을 맞이하여 나라 일을 하도록 했다. 이것이 곧 주공이 내변을 해결하고자 한 까닭이고 사직을 보전하고자 한 까닭이다. 어찌 수명을 연장하고자 하는 기원의 이치이겠는가? 만일에 수명을 연장하고자 하는 이치가 있다면 주공이 어찌 文王을 위해서 빌지 않았겠는가? 孔子가 顔淵과 伯魚를 위해서 빌지 않았겠는가?"라고 했다. 두 선비가 밝게 깨달아서 말하기를, "이제 겨우 이를 듣고서 꿈을 바야흐로 깬 것 같습니다. 감히 묻건대 이러한 허황한 일은 절대로 하지 않는 것이 옳겠습니까?"라고 물었다. 사옹이 말하기를, "이러한 등속의 禮俗은 오직 시세의 형편을 보아서 그 적합한 쪽으로 하는 것이 옳습니다."라고 했다.

〈評釋〉

선비가 묻는다. "계속되는 가뭄으로 백성들이 힘들어하고 있다. 왜 기우제를 하지 않는가?"

사옹이 답하기를, "가뭄이 계속되어 기우제를 했던 얘기가 있는가?"

선비가 이르기를, "은나라를 창건한 탕왕은 聖天子이다. 桑林에서 기우제를 지냈다."

사옹이 말하기를, "당신은 탕왕이 기우제를 하늘에 지낸 것은 알고, 왜 기우제를 했는지, 그 道理는 모른다."

선비가 말한다. "탕왕이 기우제를 해야만 했던 도리를 가르쳐 주시오."

사옹이 답하기를, "하나라는 걸왕에 이르러 폭정으로 백성을 괴롭혔다. 이것을 보다 못해 탕왕은 걸왕을 추방하고 商(보통, 殷이라 칭한다) 나라를 건설했다. 인민은 폭군이 죽고 어진 임금이 일어난 것을 크게 기뻐했다. 그러나 탕이 왕위에 오른 후, 수년간 가뭄이 이어지자 인심은 하늘이 탕왕을 버리고 이 이변을 주는 것이 아닌가 하는 의심이 들었다. 이때에, 탕왕의 덕력이 아니면 천하가 혼란해지고, 백성이 도탄에 빠지는 것은 자명했다. 그래서 탕왕은 일부러 기우제를 위한 神事를 마련하여 스스로 백성을 위한 희생이 되려고 신에게 기도하여 자신의 정치수단을 훌륭하게 발휘했다. 그렇게 하여 비로소 천하가 信服하고 모든 백성에게 그 부모로서의 자애를 드러내 인심을 안정시켰다. 이 기우제는 하나라를 토벌하고 은나라를 건국한 과도기의 불안정한 상황하에 있던 인심을 안정시키고, 국가를 다스리는 배려에서 나온 것으로, 기우제 그 자체가 목적이 아니었다. 만일 기우제가 목적이었다면, 가뭄이 든 초기에 바로 제를 지냈어야 하고, 가뭄이 7년이나 계속된 후에 기우제를 지낼 리 없다."고 하였다.

선비가 말하기를, "은나라는 이상과 같이, 성군인 탕왕이 세웠으나 마지막 대에 주왕에 이르러 다시 폭정이 극에 달하여 멸하고 주나라 무왕이 부친인 문왕과 함께 토벌하여 주나라를 세웠다. 왕위에 오른 무왕이 병이 깊어지자 당시 재상인 周公이 왕을 대신하여 왕의 병을 낫게 해달라고 신에게 기도했다는데, 그 사정을 들려주시오."

사옹이 대답하기를, "은의 폭정 후에 주나라를 세운 자가 무왕이다. 무왕이 아니면 주나라를 안정시키고 천하를 태평하게 할 수 없었다. 그렇지만 무왕에게는 형제가 많고, 태자가 어려서 무왕이 죽은 후 왕위다툼으로 다시 천하가 어지러워질 지도 몰랐다. 그래서 주공은 치병과 장수를 기원하는 제단을 마련하고, 정성을 다해 무왕을 대신하여 기도했다. 금궤 속에 기원문을 넣고 봉했다.(그 다음날 무왕의 병이 나았다고 書經에 기술되어 있다-필자주) 그 후 무왕이 죽고 성왕이 왕위를 이었을 때, 관숙이 주공에게 異心이 있다는 유언을 퍼뜨려 주공은 東地로 좌천당했다. 그 후 관숙의 말이 거짓임이 드러나, 무왕의 병을 낫게 하는 기원문을 담은 금궤를 열자 주공이 몸소 무왕의 延命을 기원한 문이 발견되었다. 성왕은 이 기원문을 들고 울었다고 한다. 마침내 주공의 무고함이 밝혀져, 都의 교외로까지 주공을 마중하러 나가고, 정권을 재정비했다. 이상의 일로 주공이 국가의 내란을 막고 국가안태를 도모하기 위해 무왕의 延命을 기원한 것을 알았다. 그 이외에 延命의 제단을 설치할 이유는 없다. 만일 기도해서 목숨이 연장된다면 무왕은 그 아버지인 문왕을 위해 기도했어야 한다. 공자가 가장 사랑했던 제자 안회도 요절했다. 그 아들 伯魚도 요절했다. 공자가 목숨을 구걸하여 장수할 수 있었던 것은 아니지 않은가?"했다.

선비가 "사옹의 설득으로 기우제, 수명기원은 다른 이유가 있는 것으로, 그 자체의 正否에 관계없음을 알았다. 노인의 말에 따르면, 이것들은 효과 없는 虛事라는 것이 되는데, 이런 일은 해야만 되는가?" 하고 물었다.

사옹이 답하기를, "이들 俗信에서 오는 의례는 사회적 상황에서 보고, 인심을 위로하기 위해 필요한 때에는 헛된 것을 알아도 해야 한다."

〈注〉

주 무왕이 죽고 성왕이 뒤를 이었다 – 성왕은 어리지만, 무왕의 동생

周公이 성왕을 보좌하여 인정을 베풀어, 문물제도를 정비하고 후세에 모범을 보였다. 성왕에서 그의 아들 康王까지의 60년간 선정이 베풀어졌다. 어린 성왕이 왕위를 이었을 때에는 前記대로, 그의 숙부 관숙 등이 왕위를 노려 주공을 중상모략하여 내쫓았다. 중국인 특히 유교에서는 하·은·주를 三代라고 칭하여, 국가의 이상형으로 숭앙한다. 특히 성왕을 도운 주공은 유교문화의 원형을 마련함으로써, 공자가 최고의 경의를 표했다. '吾는 周에 따른다', '젊은 시절, 주공을 꿈꾸었으나 나이 들어서는 꿈꾼 적이 없다'라고 하여, '슬프구나, 내가 쇠약해짐도 오래구나, 나는 다시 주공을 꿈꾸지 않는다.'라고 자신의 쇠약함을 탄실할 정도였다.

38

僧屢尋翁 終日間談 僧曰於翁言吾實悅之 但釋氏爲衆生 假說幽冥 權說法教等語 吾窃疑之 苟如翁言 則釋氏說法 其皆權巧幻術之語耶 翁曰衆生乃愚綱中之人也 故孔子曰 民可使由之不可使知之 然則僧之爲僧 素欲效衆生耶 亦欲修性德耶 盖天竺流俗 邪侈暴戾 衆生往往陷於罪過 釋氏誠深憂之 然擧國億兆皆衆生也 俊秀之人尤少而僅有 是故釋氏不得已 因時勢察俗情 汎向衆生 說法深多 是乃釋氏假說幽冥 權說法教 而戒惡誘善之權語也 亦向俊人談旨極深 是乃釋氏精窮天理 永垂道統而盡性修德之正言也 然釋氏布教二樣者 乃爲天竺興政法之綱

領 而非衆生之所量知矣 故吾嘗言 夢中伋山仰之彌高 是則釋氏之所以說幽冥治天竺之慮也 若處中國 爲君爲師 豈爲用權巧之政法耶 奈至後世 俗習愈染 愚綱愈密 或俊之秀人 亦能混合正權 總爲釋氏實學之本旨 嗚呼釋氏實學之本旨其果在于玆乎古者人之屬乎俊秀者 必躬勵志 超然出于愚綱 直探釋氏實學之本旨 而後工力積累 終得窮理盡性之道矣 見僧爲人 屬乎俊秀其何欲舍俊秀之身 而墮于衆生愚綱之中耶 僧憬然大有喜色曰渺茫蒼海 雲霧既絕 唯待天邊月耳

승려가 여러 차례 사옹을 찾아와서 날이 저물도록 이야기를 했다. 승려가 말하기를, "사옹의 말씀을 내가 참으로 기뻐하며 듣지만, 단시 석가가 중생을 위해서 유명을 빌려 말하고 임의적으로 법과 가르침을 베풀었다는 말은 내가 그윽히 의심이 듭니다. 진실로 사옹의 말씀과 같다면 곧 석씨의 설법이 모두가 임의적이고 幻術적인 것입니까?"라고 했다. 사옹이 말하기를, "중생을 곧 어리석음에 갇혀 있는 사람이다. 그래서 공자가 말하기를, '백성은 말미암게 할 수는 있어도 백성으로 하여금 알게 하기는 어렵다'고 했다. 그런즉 그대가 승려됨은 본디 중생을 본받고자 해서인가? 아니면 성덕을 닦고자 해서인가? 대개가 천축의 유행하는 풍속이 사악하고 사치하며 포악해서 중생들이 간혹 죄과에 빠진다. 그래서 석씨가 진실로 이를 우려했다. 그러나 온 나라의 백성은 모두 중생이라 빼어난 사람은 더욱 드물고 겨우 있을 뿐이었다. 이러한 까닭에 석가는 부득이하게 시세로 말미암고 속세의 사정을 살펴서 중생을 향하여 설법을 심다하게 했다. 이것이 곧 석씨가 유명을 빌어서 말하고 임의적으로 진리와 가르침을 베풀어서 악을 경계하고 선을 유도하고자 하는 임시적인 말이었다. 또한 수재를 향해서는 논지가 지극히 심심한 것을 말했다. 이것은 곧 석씨가 天理에 정밀하게 궁구해서 길이 道統을 드리우고자 했던 것으로서 性을 다하고 德을 닦고자 하는 바른 말이었다. 그런즉 석가의 포교하는 두 가지 양태는 곧 천축을 위해서 政法을 일으키고자 하는 강령이고, 중생으로서 헤아리고 알 수 있는 바가 아니었다. 그렇기 때문에 내가 일찍이 말하기를, '꿈속에 산을 바라보면 아득히 높다'고 했는데, 이는 곧 석씨가 유명을 말해서 천축을 다스리고자 생각했던 까닭이다. 만약에 중국에 처한다면 임금과 스승을 위해서 어찌 임의적인 공교로운 政法을 쓰겠는가! 마침내 후세에 이르러 습속이 습염되고 어리석은 강령이 가득하고 혹은 빼어난 사람도 또한 능히 正과 權을 혼합해서 모두가 석씨의 實學의 근본 취지라고 하니 오호라! 석씨의 실학의 근본 취지가 과연 여기에 있는가. 옛날에는 준수한데 속한 사람이라면 반드시 몸소 뜻을 힘써서 어리석은 강령에서 초연히 벗어나서 석씨 실학의 근본 취지를 찾고 이후에 공력을 쌓아서 마침내 이치를 궁구하고 성을 다하는 도리를 얻었다, 그대의 사람됨을 보니 준수함에 속하니 어찌 준수함을 버리고 중생의 어리석은 강령에 떨어지려고 하는가?"라고 했다. 승려가 일어서면서는 크게 희색이 있어 말하기를, "아득한 창해와 운무가 이미 끊어져서 오로지 하늘가의 달을 기다릴 따름이라"고 했다.

〈評釋〉

스님이, "노인의 말 중에, 석가가 중생을 위해 지옥극락을 방편으로 삼아 꾸며낸 말이라고 했으나 의심이 든다. 석가의 가르침은 모두 이러한 거짓으로 방편을 세운 幻術인가?"하고 물었다.

사옹이 답하기를, "중생은 쉬운 길밖에 모른다. 그래서 공자는 '民可使由之, 不可使知之'라고 했다. 스님은 중생을 구제하려고 하는가, 중생을 도덕에 따르도록 하려는 것인가, 생각건대, 인도 민중은 자주 사악하고 포악하여 죄를 짓기 쉽다. 석가는 이것을 걱정했다. 인도의 대다수는 모두 이러한 민중이다. 순수한 사람은 적다. 그래서 석가는 그 당시 사정을 보고, 중생에게는 지옥극락의 假設을 설법하여 악을 금하고 선을 이끌었다. 또한 秀才에게는 天理를 추구하는 철학을 설법했다. 이 철학적으로 인성을 궁구하는 것이 道統을 전하는 正言이다. 석가가 이 두 종류로 나누어 가르침을 세운 것은 천축을 다스려가는 기강으로, 중생이 알 수 없는 것이다. 내가 앞서 꿈속의 산은 높다는 예를 들었으나, 중생을 위해서는 이러한 假設의 높은 산을 우러러보는 幽冥의 說(지옥극락, 三世윤회)을 세웠던 것은 천축의 國情과 시세를 염두에 두었던 것이다. 만일 석가가 중국에 태어났다면, 삼세윤회의 가설을 만들지 않았을 것이다. 그러나 후세가 되면 중생은 俗에 물들고, 수재라도 정도와 권도(假道)를 혼동해왔다. 이것은 석가의 가르침의 본뜻이 아니다. 예전의 수재는 초연으로서 俗習에서 빠져나왔고, 곧 석가의 정통한 가르침인 철학적 탐구, 직관적 깨우침을 수양했다. 스님은 수재라고 생각되는데, 습속을 따라 가설의 幻影에 미혹되어서는 안 된다."

이것들 듣고 스님은 크게 깨우쳐 기뻐하고, 靑海原의 구름이 걷히고 天辺의 달을 보는 기분이라고 했다.

〈注〉

·空觀 – 諦觀의 대승불법을 정통으로 하고, 염불의 他力本願하는 소승불교를 俗으로 삼는다. (空觀은 이미 앞에서 나왔다.)

39

參學之士謂簑翁曰 湯王權說禱雨事而定人心 周公權說許日之事而解內變 釋氏權設幽冥之說而治天竺 其皆隨時隨處 說施之道歟 曰然 士曰聖人隨處隨時 宜依経行 何用權爲 翁曰夫経與權 二而非二 経則權也權卽経也 此皆天理當然之道也 舜禹之讓 湯武之征 其旨一也 唯聖者能焉

공부하는 선비가 사옹에게 말하기를, "湯王이 임의적으로 비를 비는 일을 베풀어서 인심을 정하고, 周公이 임의적으로 기원을 해서 內變을 해결하고, 석씨가 유영의 이야기를 베풀어서 천축을 다스린 것 등은 모두가 시간과 장소에 따라서 베푸는 도입니까?"라고 했다. 사옹이 말하기를, "그렇다"고 했다. 선비가 말하기를, "성인은 장소와 시간에 따라서 마땅히 正道에 의거해서 행해야 하는데, 어찌 權道를 씁니까?"라고 했다. 사옹이 말하기를, "대저 經道와 權道는 둘이면서 둘이 아니다. 경(經)도가 곧 권도이고, 권도가 경도이다. 이것은 모두 天理의 當然한 道인 것이다. 舜임금과 禹임금의 禪讓이나 湯王와 武王의 征伐이 그 근본취지는 하나이니 오직 성인만이 능히 할 수 있을 뿐이다."라고 했다.

〈評釋〉

선비가 "탕왕이 기우제를 假設하여 인심을 안정시켰다. 주공이 延命하는 神事를 가설하여 내란을 막았다. 석가는 현세, 내세를 가설하여 인도를 다스렸다. 이것은 그때에 적합한 도를 선택한 것인가?"하고 물었다.

사옹이 "그렇다"고 답했다.

선비가 묻기를, "성인은 언제나 正道를 따라 행한다. 왜 權道(假設의 道)를 취하는가?"

사옹이 대답하기를, "経과 權은 둘이면서 하나이다. 경도가 즉 권도, 권도가 즉 경도이다. 그 어느 쪽을 선택하느냐는 모두 당시의 天理를 따를 뿐이다. 적시적소에 권도를 선택하느냐, 정도를 선택하느냐는 단지 성인이 할 수 있는 일이다. (권도와 정도를 나눠 사용하고, 장소와 때에 따라 나눠 사용한다는 것은 통속설화로서는 타당하나, 여기에 인용한 이야기는 타당성이 결여된 듯하다 – 필자주)

〈注〉

·経 – 영원불변의 정도, 권에 대치한다.

·舜禹의 양위 – 성왕인 舜은 그 아들에게 양위하지 않고, 어진 신하인 禹에게 양위했다. 왕위를 세습하지 않고 현자에게 물려주는 것을 禪讓이라 한다.

·湯武의 征 – 은 탕왕이 포악한 걸왕을 정벌하여 쫓아낸 것, 주 무왕이 은 주왕을 정벌한 것도, 그 시세의 상황 하에서 다른 방법을 취했으나, 천하 인민을 태평한 정치로 구하고자 하는데서 비롯한 것은 똑같다. 禪과 放伐을 동일하게 본다. 이 放伐은

후세에 난신이 군주를 죽일 때 弁解의 도구로 쓰인다. 《書經》 湯誓 參照.

40

隣鄕之士語簑翁曰 程頤朱熹 皆宋代大儒也 然程頤受奸黨之謗 朱熹受僞學之毁 獨何也 翁曰汝不知諸 夫人之爲人也 生前難知 死後易知 是故程頤朱熹 雖大賢之人而其生前 或譽毁之至於死後 大儒之名大顯於世 如此等事 雖人所爲 而其實乃命運之所累也 然傑人君子 篤乎自信 而受譽不加喜 受毁不加戚 唯俟命于天而弗疑焉 此君子之所以爲君子者也 士曰君子之人何不穆陵而順俗情 翁所曰然 豈其然乎 士曰人能穆陵而順俗情 則生涯間放步坦然 而無障礙之患 豈不可乎 翁默然不應 士悟其意曰 吾忘士節實愚人也 君子之所謂 不可與言者 豈非吾輩之謂乎 翁不復言 士乃辭去 翁嘆曰 俗情所欲者 榮利酒色之類是也 使率一國之人 生乎榮利酒色之幣者必斯人矣

시골 인근의 선비가 사옹에게 말하기를, "程頤와 朱熹가 모두 송나라의 大儒이다. 그러나 정이는 奸黨들의 비방을 받고, 주희는 僞學이라는 비방을 받았는데, 이것은 어찌된 것입니까?"라고 했다. 사옹이 말하기를, "너는 알지 못하는가? 대저 사람이 사람됨은 생전에는 알기 어렵다가 사후에 쉽사리 알게 된다. 이러한 까닭에 정이와 주희는 비록 대현이었으나 그 생전에는 혹은 칭송받고, 혹은 헐뜯는 바 되었을지라도, 사후에 이르러서는 大儒의 이름을 세상에 크게 드러낼 수 있었다. 이와 같은 일들은 비록 사람이 하는 바일지라도, 그 실제에 있어서는 곧 운명의 얽힌 바이다. 그리하여 뛰어난 군자는 자기 스스로 믿는 바에 독실하고 기림을 받아도 더 기뻐하지 않고 헐뜯음을 받아도 더 슬퍼하지 않고 오로지 하늘이 내린 큰 명을 의심하지 않는다. 이것이 군자가 군자인 까닭이다."라고 했다. 선비가 말하기를, "군자라는 사람들은 어찌해서 목릉성세를 모방해서 俗情에 따르지 않는가?"라고 하자, 사옹이 웃으며 말하기를, "그런가? 어찌 그러한가?"라고 했다. 선비가 말하기를, "사람이 능히 목릉을 탐하고 속정에 순종하면, 세상을 살아가는데 발길이 평탄하여 장애의 우환이 없을 것이니 어찌 옳지 않으리오?"라고 했다. 사옹이 잠자코 있으면서 응대하지 않았다. 선비가 그 뜻을 깨닫고, "나는 선비의 절개를 잊었으니 진실로 어리석은 사람이다. 군자가 이른바 더불어서 말할 것이 못 된다고 하는 것은 어찌 우리를 두고 이르는 것이 아니겠는가?"라고 했다. 사옹이 다시 말하지 않았다. 선비가 곧 하직하고 갔다. 사옹이 탄식하며 말하기를, "속정이 하고자 하는 바는 영리와 주색의 부류가 이것이다. 한 나라를 통솔하는 사람으로 하여금 영리와 주색의 폐단을 낳도록 하는 자는 반드시 이러한 사람이리라"고 혼자 말했다.

〈評釋〉

이웃사람이 노인에게 말하기를, 程頤와 朱熹는 송대의 대유학자인데, 정이는 奸人의 무리라고 비난받고, 주희는 위학이라고 비난받은 이유를 묻는다.

사옹이 말하기를, "사람은 생전에는 가치평가가 결정되지 않고, 관을 덮고 나서, 그 시비가 사회적으로 정착한다. 程, 朱라는 대스승도 생전에는 훼예가 있었다. 사후에 평가가 크게 고양되었다. 그것은 운명적인 것이다. 이렇게 뛰어난 사람은 자신을 깊이 믿고, 다른 누군가의 훼예를 기뻐하거나 걱정하거나 하지 않는다. 천명을 믿고 의심하지 않기 때문이다."라고 했다.

이웃사람이 묻기를, "뛰어난 군자는 일을 악화시켜 세간과 타협하지 않고 높이 머무른다. 俗情에 타협하지 않는 이유는 무엇인가?" (정·주가 세속에서 초월해 있음을 비난한다. – 필자주)

이 말을 듣고 사옹은 "그런가"하고 답할 뿐이다.

이웃사람이 묻기를, "일을 악화시키지 않고(모나게 하지 말고) 俗情에 타협해서 산다면 평생 장애물과 부딪히지 않고 느긋하게 살 수 있다. 그것이 좋은 삶이 아닌가?"

이에 대해 노인은 역시 침묵한다.

노인의 침묵 속에 자신에 대한 비난이 있음을 깨닫고 이웃사람이 말한다. "나는 선비의 節操를 잊어버리고, 어리석은 말을 해버렸다. 學徒와 함께 할 수 없는 말을 어리석고 하찮은 인간으로서 내뱉고 말았다."

노인은 역시 침묵한다. 선비가 가고 나서 "속인은 명예, 이익, 술, 여색을 구한다. 한 나라의 사람을 이끌어서 이와 같이 타락시키는 것은 분명 저렇고 간사스런 인간일 것이다."라고 혼잣말을 한다.

〈注〉

· 程頤 奸黨의 비방을 받다 – 정이는 그의 형 顥와 함께 二程子로 불린다. 주자가 그의 학문을 계승했기에 주자학을 程朱學

이라고도 한다. 정이는 준엄한 성격으로 다른 사람들과 어울리지 않고, 소동파와 함께 조정의 講席에 임하였으나, 마침내 邪說이라는 비방을 받아, 그 學徒가 해산당하는 지경을 맞았다.

· 주희, 위학의 비방을 받다 – 양명학파로부터 위학이라고 배제 당한다.

41

將士謂簑翁曰 臣士所以爲君舍命之義 吾已知之 敢問農工商等如何 翁曰君恩之深 雖淵海不足以比其深 君恩之重 雖山岳不足以較其重 是故擧國之人 爲君舍命 皆欲報其恩耳 農工商亦國人也 敢問忘其恩乎 士曰臣士之輩 受爵受祿 實沐恩深 如農工商何恩之有 翁嘆愿汝何其不思之甚也 吾爲汝語 夫天地間 人與禽獸 皆萬物也 唯人所異禽獸者 以有禮義故也 夫禮與義 必自正法中發出來是故人君之於國也 必明政法 必正風俗 然後禮義煥然 擧國貴賤 安居樂業 而得受皡皡之慶矣 噫微政法禮義必滅亦微禮義人雖曰人 而與禽獸何以別乎 竊稽 我國前代君昏臣怠而政法廢風俗壞 邪侈荒暴 無所不爲 時有嘉瑞氏者 乃布衣之身也 謀殺米次按司 欲奪其夫人 然而當時之人 無有肯咎嘉瑞氏者夫人獨躬說謀以報其仇 至今伝称賢女 當此時也 居不能安 業不能勤 妻子兄弟皆已離散 而人間之憂誠莫甚焉 然則政法明風俗正 而禮與義煥然大著 各安其居 各樂其業者 此非君恩所致而何

哉 國人旣受君恩如此 則雖農工商 豈無爲君舍命之義耶 豈無舍命報恩之志耶 此身旣生 誰無復死 死全其義 反勝高壽 棄義而活 何異禽獸 然而口能說 心實畏死 此人情之常也 平時熟講此理 攻氣操心涵養已久 然後當舍命之時 此心泰然而弗迷亂矣 若不然則當舍命之時 迷亂如弱婦 未可知焉 是故人之爲人 無貴無賤 當能攻氣明義此心涵養此心 造次顚沵 不忘君恩者 斯謂之忠義之人 若稍犯法定 稍損風俗者 雖日才藝有餘 苟致議論 則忘君恩賤君德 而敗國之罪人也 嗚呼擧國之人 其能不之思焉乎 其能不之思焉乎

장년의 선비가 사옹에게 말하기를, “신하와 선비가 임금을 위해서 목숨을 버리는 의리는 내가 이미 알고 있습니다. 감히 묻건대 농공상 등은 어떠합니까?”라고 말했다. 사옹이 말하기를, “임금 은혜의 깊기는 비록 연못과 바다라 해도 그 깊이를 견주기에 모자랄 것이요, 임금의 은혜는 무거워서 비록 산악이라 해도 그 무겁기를 견줄 수 없다. 이런 까닭에 나라의 모든 사람은 통틀어서 임금을 위해 목숨을 버려서 모두가 그 은혜에 보답하고자 한다. 농, 공, 상 역시 나라 사람이니 감히 묻건대 그 은혜를 잊으리오?”라고 말했다. 선비가 말하기를, “신하와 선비의 무리들은 벼슬과 녹을 받으니 실로 은혜를 입음이 깊지만 농, 공, 상 같은 이들에게야 무슨 은혜가 있겠는가?” 사옹이 탄식하며 이르기를 “너는 어찌 그리도 생각하지 못함이 심한가? 내가 너를 위해서 말하겠다. 대저 천지간에 사람과 금수는 모두 만물이다. 오직 사람이 금수와 더불어서 다른 것은 예의가 있기 때문이다. 무릇 예의와 義는 반드시 正法으로부터 나오는 것이다. 이런 까닭에 임금은 국가에 대해서 반드시 정법을 밝히고 반드시 풍속을 바르게 한다. 그러한 뒤에 예의가 밝아지고 온 나라의 貴하고 賤한 자들이 거처를 편히 하고 업을 즐겨서 백발이 될 때까지 밝은 경사를 받는다. 슬프다! 정법이 희미해지면 예의가 반드시 소멸할 것이다. 또한 예의가 희미해지면 사람이 비록 사람이라 말할지라도 금수와 더불어 무엇으로 구별할 것인가? 생각해 헤아려보건대 우리나라(琉球)는 전대의 임금이 혼미하고 신하가 게을러서 정법이 폐지되고 풍속이 쇠퇴했으며 사악함과 황포함이 하지 않은 바가 없었다. 이때에 嘉瑞氏라는 사람이 있어 미천한 신분으로 米次按司를 죽이고 그 부인을 빼앗고자 도모하였다. 그러나 당시의 사람은 가서씨를 허물하는 사람이 없었다. 오로지 미차 안사의 부인만이 몸소 기꺼이 그 원수 갚기를 도모해서 지금은 賢女라고 칭해진다. 당시에는 사는데 평안하지 못하고 일하는데 부지런하지 못했다. 처자와 형제가 뿔뿔이 흩어져서 인간의 근심은 진실로 막심했다. 그렇다면 정법이 밝아지고 풍속이 바르게 되어 예의와 의리가 환하게 밝아져서, 각기 그 거처가 편안해지고, 각기 그 업을 즐거워함은 이것이 임금의 은혜로 이룬 바가 아니고 무엇이겠는가! 나라 사람이 임금의 은혜를 받음이 이와 같거늘, 곧 농, 공, 상이라 하더라도 어찌 임금을 위해서 목숨을 버리는 의리가 없겠는가? 어찌 은혜에 보답하여 목숨을 버리는 뜻이 없겠는가? 이 몸이 이미 생겨났으니 누가 다시 죽지 않으리오. 죽어서 그 뜻을 온전하게 하면 도리어 오래 사는 것보다 낫다. 의리를 저버리고 산다면 무엇이 금수와 다르겠는가? 그러나 입으로 능히 이야기하지만 마음은 진실로 죽음을 두려워하니 이것이 인간의 상정이다. 평상시에 이러한 이치를 익혀서 강습하여 氣를 다스리고 마음을 잡아서 젖어들고 길러짐이 오랜 연후에야 목숨을 버릴 때에는 이 마음이 태연하여 혼미하여 어지럽지 않을 것이다. 만일에 그렇지 않으면 마땅히 목숨을 버려야 할 때에 혼미하고 어지러움이 약한 부녀자와 같아져서 가히 알지 못한다. 이러한 까닭에 사람이 사람됨은 귀천할 것 없이 항상 능히 기를 다스리고 義理를 밝혀 그 마음을 함양하여 잠시라도 임금의 은혜를 잊지 않은 사람을 일컬어서 충의지인이라고 한다. 만약에 조금이라도 정법을 범하고 조금이라도 풍속을 훼손하는 사람이면 비록 재주는 남음이 있더라도 진실로 의론을 한다면 임금의 은혜를 잊은 사람이고 임금의덕을 천하게 해서 나라를 망치는 죄인이다.

오호라, 온 나라의 사람이 능히 생각하지 않겠는가? 능히 생각하지 않겠는가? 라고 했다.

〈評釋〉

선비와 노인의 문답으로, 선비가 "왕실을 받드는 臣士는 봉록을 받으므로 군주를 위해 목숨을 바치는 것은 당연하다고 생각한다. 그러나 농공상은 임금의 은혜를 받지 않으므로 주군을 위해 목숨을 버리지 않아도 되는가?"라고 자신의 생각을 밝혔다.

이에 대해 노인은 다음과 같이 말한다. "사람이 짐승과 다른 것은 예의라는 인간을 律하는 질서가 있기 때문이다. 예의는 正法에서 나온다. 정법이나 예의로 사람은 질서가 유지되고 생명 재산이 지켜지며 평안한 생활을 할 수 있다. 琉球는 예전에는 군주가 어리석었고 신하는 게으르고 나태하여 정치는 혼란해지고 풍속은 쇠퇴하였다. 사악함과 폭력이 횡행했다. 米須村의 米須按司가 가난한 사람을 죽이고 그 부인을 빼앗아도 그 극악무도한 嘉瑞를 힐책하고 벌하는 사람이 없는 혼란한 세상이었다. 부인은 여자의 몸이면서도 그 자를 죽여서 남편의 원수를 갚고 자신의 정조를 지켰다. (《遺老說傳》에 있다.) 이것을 오늘날까지 賢女라고 칭하며 칭송하는데, 이 악인을 다스릴 정치가 없는 것이 바로 옛날의 沖繩이었다."

往古之時 有米次按司者 嘗居于米次城 其夫人質資貞靜 器量敏捷 而有傾國之色 絕世之姿 一日我瀨之子 熒然見之 深以思慕之 焦心勞辛 度日如年 忽起奇巧之謀 到按司府上曰 今日天晴雲收 海靜風淸 鷗翔沙上 魚戲波面 光景無窮 盍往海漁魚 以爲娛樂乎 按司歡善 夫人止之曰 妾昨夜見夢甚惡 恐有覆舟溺沒也哉 不宜往漁以遊 强請諫之 按司不敢聽從 遂同他到海 撒網漁魚 按司深貪漁魚 不肯窺見他處 我瀨之子 卽拔取一鋒 刺死按司 擲棄海中焉 旁觀之人 咬齒怨惡 不敢多言焉 密聞之於夫人 夫人聞之 哭慟甚極 大怪且異 竊出城外而隱居焉 我瀨喜悅 要侵其夫人 已至他府上 夫人逃去 不在其府 我瀨急發檄文尋覓各處 由是夫人裝扮賣鹽之婦 要得時報仇 以致巡行 偶遇途中 我瀨疑非爲商婦 召來身邊 仔細驗看 再三鞫問 而知爲其夫人 强邀夫人於府上 亦要侵通 夫人不肯聽從 我瀨怒把一劍將以刺死焉 夫人甘死請刺 我瀨不忍刺死 將以强奸 夫人乃爲騙言曰 按司已薨 未閱數月 妾不忍住此而奸淫也 必撰吉日 同往某山 伐木結宮 以聽汝言 我瀨大喜 約定日期 已屆其日 夫人率一女兒 竊懷一鑿 同登我瀨嵩 勸他飮酒 我瀨欣然大喜 酩然

大醉 夫人令我瀨兩手抱樹 以量其材 我瀨領夫人命 仰天抱樹 卽夫人密出小鑿 打穿他兩掌上 我瀨請罪救命 夫人再三罵叱 遂到刺死 以報按司之仇矣 然歷年已久 莫從稽詳焉

옛날에 米次安司라는 사람이 있었다. 일찍이 米次城에 있었다. 그의 부인이 자질이 정숙하고 기량이 민첩하고 그래서 경국지색이라고 하였고, 절세미인이었다. 어느 날 我瀨之子라는 사람이 잠깐 보고 그녀를 깊이 사모하여 노심초사하며 날을 보내고 해를 넘겼다. 홀연히 기교한 꾀를 내서 按司의 府上에 이르러 말하기를, "오늘 날씨가 쾌청하고 구름이 없고 바다가 조용하고 또한 서늘하니, 기러기가 모래 위에서 춤추고 물고기가 바다에서 놀고, 광경이 아름답기가 이를 데 없어, 제발 바다에 가서 고기를 잡으며 놉시다." 按司가 대단히 기뻐했다. 부인이 이를 말리며 말하기를, "소첩이 어제 밤 대단히 나쁜 꿈을 꾸었습니다. 아마 배가 뒤집혀 익사할지도 모릅니다. 제발 가서 고기를 잡으며 놀지 마십시오."라고 간청하며 이것을 말렸다. 按司는 단호히 이를 듣지 않고 결국 그와 같이 바다에 가서 그물을 치고 고기를 잡았다. 按司는 욕심이 생겨 고기를 잡느라 곁눈질도 하지 않았다. 我瀨之子는 즉시 칼을 빼어 들고 按司를 찔러 죽이고 바다에 버렸다. 옆에서 보던 사람이 이를 갈고 저수하였지만, 감히 말을 못했다. 몰래 이것을 부인에게 알렸다. 부인이 그것을 듣고 통곡을 심히 하였다. 크게 의심하고 몰래 성 밖으로 나가, 있는 곳을 숨겼다. 我瀨는 매우 기뻐하고 그 부인을 범하려고 하였다. 그가 府上에 갔더니 부인은 밖으로 떠나서 그 府에는 없었다. 我瀨는 급히 격문을 띄워서 각처에 물었다. 그래서 부인은 소금 파는 여자로 변장하고 때를 만나 원수를 갚으려고 하였으며, 그래서 돌아다녔다. 우연히 길거리에서 만났다. 我瀨는 장사하는 여자가 아니라고 의심하여 가깝게 오라고 하여 자세히 검사하여 보고 재삼 국문을 하여 그 부인인 것을 알고 강제로 부인을 府上으로 끌고 가고, 그리고 범하려고 했다. 부인은 감히 따르지 않았다. 我瀨는 화가 나서 검을 쥐고 막바로 죽이려고 했다. 부인은 죽어도 좋으니 찔러달라고 했다. 我瀨는 차마 찔러 죽이지 않고, 바로 강간을 하려고 하였다. 부인은 속이는 말로 말하기를, "按司가 죽은지 아직 몇 개월 되지 않았는데, 제가 사는 곳에서 간음하는 것을 참을 수 없다. 반드시 좋은 날을 택하고 어느 산에 같이 가서 나무를 베고 宮을 지으면 당신의 말을 듣겠습니다." 我瀨는 크게 기뻐하고 날짜를 정하고 그가 그날에 도착했다. 부인은 여자아이를 데리고 몰래 鑿을 품고, 我瀨와 같이 올라갔다. 그에게 술을 권하여 마시게 하였다. 我瀨는 흡족하고 대단히 만족하여 술에 흠뻑 취했다. 부인은 我瀨로 하여금 양손을 나무를 껴안고 그 나무가 얼마나 큰지 재보라고 하였다. 我瀨는 부인의 말에 따라서 하늘을 쳐다보며 나무를 껴안았다. 즉시 부인은 몰래 작은 鑿을 빼서 그의 양손 위를 찔렀다. 我瀨는 살려달라고 청하였다. 부인은 재삼 욕을 하며 결국에는 찔러 죽이고 按司의 원수를 갚았다. 그렇지만 세월이 흘러 오래되어 상세하게 고찰할 수 없을 따름이다.

이상의 얘기에서, 蔡溫은 예전의 沖繩에는 예의 正法이 없었다고 본다. 이것은 蔡溫의 고대 인식에 관한 중요한 의미를 가진 것이다. 久米출신은 36성을 가지고 漢文化가 수입되었고, 沖繩에 처음 예의·음악·도덕·질서가 생겼다고 자부하고 있는데, 이런 蔡溫의 견해에서, 그런 久米人 의식이 엿보인다. 지금은 훌륭한 정치로 사농공상 모두 그 삶이 평안하므로, 농공상이라고 君恩이 깊으므로 그 군주를 위해서는 목숨을 버려야 한다고, 인륜 최대의 도덕이 군신의 義임을, 유교도덕의 입장에서 주장한다. 그리고 '인간은 누구나 죽는다. 군주를 위해 죽어야 할 때에 목숨을 버리지 않고 장수를 지키려함은 짐승과 다를 바 없다'하며, '生을 원하고 死를 두려워하는 것은 인지상정이지만, 평소에 수양하고 공부하여 국가의 중대한 시기에 태연하게 혼란에 빠지지 않고 죽음에 임하는 각오를 함양해야 한다'고 大義라는 견해를 주장한다.

귀천인 누구나, 혈기왕성한 마음을 다스리고, 義로운 마음을 길러서 造次전패에도 君恩을 잊지 않는 것이 忠義人이다. 정치를 틀어지게 하고 풍속을 어지럽히는 자는 비록 재능기예가 많고 지식을 내세워 논의를 잘해도, 그것은 군은을 잊고 君德을 천하게 하고 나라를 망치는 패거리이다.

이상, 철저한 君臣大義說, 君臣之義가 모든 인륜에 우선한다고 보고 있다. 平敷屋朝敏處刑도 어느 정도 이러한 판단으로 행한 것은 아닐까 생각한다. 平敷屋朝敏處刑은 그가 53세 때 簑翁片言은 65세 때라고 하는데, 옛날을 조용하고 깊이 생각하여 자신을 납득시키려 했던 것으로 여겨진다.

42

參學者與友僧其謗簑翁 乃語翁日 吾鄕二士乘夜遠行 雲深天黑無可步處 有丐人把火過來 一士日丐人乃人間最賤者 縱得條

路 豈可隨丐人行乎 一士曰丐人雖賤 其火豈賤耶 吾唯貴火耳 言訖竟隨丐人尋條路去 一士堅執違拗 務向他方終夜匍匐不知條路可行處 翁嘆曰 昔齊桓公有問野人 然後名冠天下 是取言也豈累人野 今也儒老佛氏之輩 爲習氣被敝 各執違拗 其於道也終身匍匐而不自覺者衆矣 僧愕然曰 吾亦有執拗之病 願吾除病而覓乎條路可行處

공부하는 사람과 벗인 승려가 함께 사옹을 방문해서 곧 사옹에게 말하기를, "내 시골의 선비 두 사람이 밤을 타고 멀리 갔다. 구름이 끼어서 하늘은 칠흑같이 어두워서 가히 걸음을 옮길 수도 없었다. 그때에 걸인이 불을 잡고 지나왔다. 한 선비가 말하기를, '걸인은 인간 가운데 최하층 사람이니 비록 길을 잡아가도 어찌 가히 걸인을 따라가겠는가?'라고 하자, 다른 한 선비가 '걸인은 비록 천하나 그 불은 어찌 천하겠는가 나는 오직 불을 귀하게 여길 따름이다'라고 말을 다 한 뒤에 걸인을 따라서 길을 찾아서 갔다. 한 선비는 고집을 세워서 따르지 않고 다른 방향을 향해서 힘쓰다가 밤을 마치도록 길에서 엎드려서 갈 바를 알지 못했다."고 했다. 사옹이 탄식해서 말하기를, "옛날에 齊나라 桓公이 야인에게 물어서 그 뒤에 이름이 천하에 떨쳤으니 이것은 말을 취함이지 어찌 그 사람의 미천함에 얽매인 것이리요? 오늘날 유, 불, 도가 氣에 습염된 바 피폐해서 각기 고집해서 꺾임이 없으니 그들이 길에서 몸을 마치도록 땅바닥을 기면서 깨닫지 못하는 자가 많다"라고 했다. 승려가 놀라서 말하기를, "나 또한 고집이 있어서 꺾지 않는 병이 있는데, 바라건대 내 병을 제거해서 갈 길을 찾도록 해주십시오."라고 했다.

〈評釋〉

두 선비가 구름이 잔뜩 낀 어두운 밤에 전혀 모르는 지방에 갔다. 한 걸음도 나갈 수 없었다. 가끔 거지가 등불을 가지고 왔다. 거지는 최하인간, 그 등불을 길안내삼아 걸어서는 안 된다고 한 선비가 말했다. 다른 선비는 거지가 천할 뿐이지, 불은 천하지 않다. 불을 의지하는 것이 왜 나쁘냐고 하며, 등불을 의지해서 걸어갔다. 한 선비는 집요하게 자신의 생각을 고수하여 반대방향으로 걸어서 밤새도록 헤매고 다녔다.

이 얘기를 듣고 사옹이 말하기를, "옛날 중국 齊나라 桓公은 모르는 것이 있으면 野人에게도 가르침을 구했다. 그래서 위대해졌다. 남의 말이 훌륭한 의견이라면 그 사람이 어떤 지를 묻지 않고 받아들여야 한다. 지금의 유학자, 佛者, 道敎의 무리는 자기를 과신하는 풍조에 집착해서 서로 장점을 인정하지 않는다. 그것은 마치 자신의 생각에 집착하여 밤새 헤매 다닌 것과 같다.

스님이 말하기를, "사옹의 의견대로 나도 부처에 집착하여 다른 것을 용납하지 않은 결점이 있다. 이 결점을 없애고 오직 道理를 취하여 따라야 한다고 깨우쳤다."

〈注〉

·微正法 – 正法이 없었다면.

·齊의 桓公 – 중국 전국시대의 한 나라. 환공은 管仲을 신하로 등용

하여 나라를 강대하게 했다. 관중은 '관포지교'라는 말을 남겼던 우정이 깊은 사람이다. 관중은 처음에는 환공과 왕위를 다퉜던 公子紂를 모셨다. 그 관계가 파탄에 이르자, 포숙의 추천으로 환공을 모시게 되었다. 환공은 모든 관중의 의견을 받아들여 諸公을 규합하고, 蕃族의 침입을 막아 漢민족을 평안하게 했다. 공자는 관중이 없었다면 자신은 지금쯤 野蛮에 점령당하여 被髮, 左袵했을 것이라고 하며 관중을 칭찬했다. 환공이 野人에게 물었다는 것은 자세하지 않다.

43

三士自遠境來 同訪簑翁終日共語 士曰翁之爲人 無問不答 不答 無明 翁固非常人 翁嘆曰汝不知吾小少之時乎 小少之時 讀書百遍 性不能記 每臨事時 智不能弁 那時同學之人皆能識之 旣而躬自勵志 苦學弗懈 三十而來愈勤弗輟 至今稍似讀書之人矣 吾見汝等 皆是聰敏之人 唯立志不堅耳 士曰翁何爲要務 曰生順死安 毫無遺恨 此吾之所願也 而未能焉 曰何謂生順 翁曰一念一行無大無小 唯順是務而終天年 是君子之要務也 是此工夫何爲先務 翁曰世俗之人 大概以氣制心 夫以氣制心者 念行之間 屢有不順而不自覺 苟能以心制氣 稍有不順使能覺之 心深悔之 勉强改之便是先務也 實用工夫已久 一念一行此無遺恨則得登乎生順死安之位矣 士曰敢問 翁之爲學次第可得聞乎 曰吾二十而嗜讀書 三十而初志學 四十而知愛身 五十而覺愼獨

六十而免乎疑 至今學問弗輟 死後止耳

세 선비가 먼 변경에서 와서 사옹과 함께 종일토록 이야기를 나누었다. 선비가 말하기를, "사옹의 사람됨이 묻지 않으면 대답하지 않는다. 대답하지 않으면 밝지 않으니 사옹은 진실로 비범한 사람이다."라고 했다. 사옹이 탄식하며 말하기를, "그대는 나의 어린 시절을 모르지 않는가? 어렸을 때에 책을 백번 읽었으나 성품이 능히 기억할 수 없어서 매번 일에 임할 때에 지혜가 능히 변별되지 못했다. 이러한 때를 동학했던 사람이 모두 안다. 그리고 나서 몸소 힘을 써서 뜻을 장려하여 괴롭게 배우기를 게을리 하지 않았다. 삼십 이래로 더욱 부지런히 해서 멈추지를 않았고 지금에 이르러서 겨우 독서인이라 할 만하다. 내가 그대들을 보니 모두 총명한 사람인데 오직 뜻을 세움이 굳히지 않을 따름이다."라고 했다. 선비가 말하기를, "사옹은 무엇을 가장 힘쓰는 것으로 삼았습니까?"라고 묻자, 사옹이 말하기를, "생에 순응하고 죽음에 편안하여 터럭만큼도 회한을 남기지 않는 것이 내가 바라는 바이나 능하지 못하다"라고 했다. 선비가 말하기를, "어떻게 해야 生에 순종합니까?"라고 하자 사옹이 말하기를, "한번 생각하고 한번 행위함에 오직 순응하기를 힘써서 하늘이 준 명대로 사는 것이 바로 군자의 요무이다."라고 했다. 선비가 말하기를, "이 공부는 어떻게 하는 것이 급선무입니까?"라고 했다. 사옹이 말하기를, "세속의 사람은 대개 氣로써 마음을 제어하니 대저 기로써 마음을 제어하는 사람은 생각하고 행동하는 사이에 누차 순조롭지 않으면서도 깨닫지도 못한다. 진실로 마음으로써 氣를 제어하면 조금만 순조롭지 않아도 능히 깨달아서 마음으로 깊이 뉘우치고, 힘써 이를 개선토록 하니 이것이 곧 급선무이다. 실용공부가 오래되어 한번 생각하고 한번 행동함에 있어서 한이 남지 않으면 生順安死의 경지에 오를 수 있다."라고 했다. 선비가 말하기를, "감히 묻건대 사옹께서 학문을 했던 차례를 들을 수 있습니까?"라고 했다. 사옹이 말하기를, "나는 이십에 책을 읽기 좋아하고, 삼십에 학문에 처음 뜻을 두고, 사십에 자신의 몸을 사랑할 줄 알고, 오십에 혼자서 삼가는 것을 깨달았고, 육십에 의심을 면할 수 있었고, 지금에도 학문을 멈추지 않으니 사후에나 그칠 수 있을 따름이다."고 했다.

〈評釋〉

세 선비와 하루 종일 간담한다는 설정으로, 자신의 일생을 되돌아본다. 蔡溫은 16세까지 게을러서 공부하지 않던 소년이었다. 그 자서전에서 쓰고 있는데, 이점을 염두하고 읽으면 좋을 것이다.

선비가 사옹은 보통사람이 아니라고 하는 것에 대해서, 그것은 자신의 어린 시절을 모르고 하는 말이라 한다. 소년시절의 자신은 책도 읽지 않고, 사건 처리도 능숙하지 않았다. 그 당시 동학들은 모두 그것을 알고 있다. 그리고나서 깨닫자, 뜻을 세워 학문에 힘써 讀書人이 될 수 있었다. 당신들은 모두 총명한 사람이지만, 뜻을 세우는 것이 약하다며 선비들을 격려함과 동시에 약간은 자신이 뛰어남을 자랑하는 면도 엿보인다.

선비가 묻기를, "인생의 소중한 覺悟는 무엇인가?"

사옹이 답했다. "살아서는 도리에 따르고, 언제 죽어도 편안히 죽을 각오가 첫 번째이다. 이것이 내 소중한 각오이지만, 아직 충분하지 않다."

선비가 묻기를, "生에 順한다는 의미는 무엇인가?"라고 묻자,

사옹은, "一念 一行, 한 가지 思慮도 한 가지 행위도 도리에 따르고 죽음을 기다리는 것이 학덕 있는 군자의 첫 번째 마음가짐이다."라고 대답했다.

선비가 다시 묻는다. "그 마음가짐을 실행하는 첫 번째로 무엇을 해야 하는가?"

사옹이 답하기를, "氣(혈기로 날뛰는 마음, 욕망)로 마음을 누르면, 一念一行의 사이에 모순이 생긴다. 마음의 도리로, 혈기스런 용맹·욕망을 누르면 언행의 모순이 생겨도, 이것을 깨닫고 나서 마음으로 욕망의 조짐을 눌러야 한다. 일념일행이 흘러가는 대로 따라 행동할 때에는, 生에 順하고 死에 편안한 경지에 오를 수 있다.

선비가 "노인이 학문을 이루어간 순서를 듣고 싶다."고 청하니,

사옹은 "나는 스무살이 되어 독서를 좋아하고, 삼십이 되어 비로소 학문에 뜻을 두고, 사십에 몸을 사랑하는 것을 알았다. 오십에 혼자 삼감을 알고, 육십에 귀로 듣는 것, 눈에 보이는 것의 도리를 알고, 의문이 생기지 않았다. 그리고 이제 70이 가까워질 때까지도 학문을 쉬지 않는다. 죽음을 기다릴 수 있다."

이상에서 蔡溫의 득의양양한 면이 보인다. 공자는 열다섯에 志學, 삼십에 而立라 했나. 溫은 성인과 동렬이 될 수 없다는 겸손함으로 '삼십에 志學'이라 했다. 그러나 이것은 공자의 말을 의식한 듯하다. 왜냐하면 그는 二十一에는 讀書의 師匠, 二十五에는 講談의 師匠이 되었다. 二十七에는 福州에서 隱者에게 배웠기 때문이다. 기타 학문의 단계적인 자각도 모두 공자에게 배워 공자의 말을 의식하는 듯하다.

〈注〉

· 愼獨 – 남의 이목에 상관치 않고 마음을 바르게 한다. 대학에 '모든 그 뜻을 誠하게 하려면 스스로 속이지 않아야 한다. 악취를 싫어하는 것처럼 호색을 좋아하는 것처럼 그것 자체를 마음에 따르도록 한다. 그러므로 군자는 반드시 스스로 겸손하다'라고 한다. 愼獨은 유학 수양법의 안목이다. 하늘이 알고 땅이 알고 내가 안다. 그러므로 혼자서 있어도 모두가 보고 있는 듯이 여겨 수양했다. (所謂誠其意者 毋自欺也, 如惡惡臭 如好好色, 此之謂自謙, 故君子必愼其獨也–《大學》六章)

44

初學者兩三人 問簑翁曰 讀書之方何爲綱要 翁曰聖人凡夫 其品雖異 處世接物之道 唯有義與事而已矣 汝試思之 夫聖経賢伝 千言萬語 其旨無他 只要使世人明義治事而已矣 事者卽身家國天下之事也 義者卽修齊治平之義也 盖嘗窃想凡人之有義與事也 如天之有陰陽 如身之有氣血 天運陰陽而生萬物 身調氣血而保壽命 人學乎義與事 而治國家 夫氣與義屬陽 血與事屬陰 是所謂天人一理也 是故身之爲身 離氣與血而不可活 人之爲人棄義與事而不可立 然則處世接物之道 雖人所行而其實乃天之所敎也 故孟子曰 順天者存 逆天者亡 孔子曰罔之生也幸而免云爾 嗚呼 往古來今興廢存亡 自天子至庶人 其所然一

也 奈何世俗之人 弁之不明 慮之不深 但任氣質美惡 接物臨事間 或順天多 或逆天多 或全順天 或全逆天 夫全逆天者 必有失身喪家亡國之禍 全逆天多者 則傾覆之憂 必伏于几席之下 其起也不時矣 然貴賤之人 或得免其憂者往往有之 是則孔子所謂幸而免者也 敢不畏乎 敢不思乎 是故古之讀書者 必學明義治事之道 得之于身 而其才足用 其德足觀焉 今之讀書者 大率折章句鏤文詩 其勞于古 而其人品殆與凡夫無異 此豈聖人遺書之本旨耶

처음 학문하는 세 사람이 사옹에게 물어 말하기를, "독서의 방법은 어떠한 것을 강령의 요체로 삼아야 합니까?"라고 말했다. 사옹이 말하기를, "성인이든 범부든 그 성품은 비록 다를지라도 處世接物의 道理는 義와 事를 가지고 했을 따름이다. 그대가 시험 삼아 생각해보라. 대저 성인의 경전이나 현인의 전하는 바는 千言과 萬語가 그 뜻은 다름이 아니라, 다만 그 요체는 세상 사람으로 하여금 義理를 밝히고 事物 다스리게 하는 것에 있을 따름이다. 事라고 하는 것은 몸, 집, 나라, 천하의 일이고 義라고 하는 것은 修, 齊, 治, 平 따위의 뜻이다. 대개 가만히 생각해 보면 무릇 사람에게는 義와 事가 있으니 마치 하늘에 陰陽이 있는 것과 같고, 몸에 血과 氣가 있는 것과 같다. 하늘은 음과 양을 운행하여 만물을 생성하고, 몸은 氣와 血을 조절해서 목숨을 보전한다. 사람은 의와 사를 배워서 국가를 다스린다. 대저 기운과 의리는 陽氣에 소속되고 血과 事는 陰氣에 소속되니 이것이 이른바 天人이 하나가 되는 이치이다. 이런 까닭에 몸이 되는 것은 기운과

血을 떠나서 가히 활동할 수 없고, 사람이 사람됨은 義와 事를 버리고 서는 설 수 없다. 그런즉 處世接物의 도리는 비록 사람이 행하는 바이나 그 실제는 곧 하늘이 가르치는 바이다. 그러므로 孟子가 말하기를, '하늘에 순종하는 자 存하고, 하늘에 거스르는 자 亡한다'고 했고, 孔子가 말하기를, '없어야 할 자가 사는 것은 요행으로 면할 수 있을 따름이다'라고 했다. 오호라, 고금왕래의 흥폐존망이 천자에서부터 서민에 이르기까지 그 까닭은 하나이다. 어찌해서 세속의 사람은 이를 분변함이 분명치 못하고 생각이 깊지 못하여 단지 기질의 아름답고 추함에 맡겨두는가? 물에 접하고 일에 임하는 사이에 혹은 순천하는 경우가 많고, 역천하는 경우가 많아서 혹은 온전히 순천하고, 혹은 온전히 역천한다. 대저 완전히 하늘을 거스리는 사람은 반드시 몸을 잃고 집안을 망치며 국가를 망하게 하는 화가 있는 것이다. 하늘을 온전히 거스림이 많은 자는 기울고 뒤집히는 근심이 반드시 그의 궤석 아래에 엎드려 숨어서 그 일어남이 시도 때도 없을 것이다. 그러나 귀천한 사람이 혹은 그 근심을 면하는 것이 왕왕 있으니 이것이 공자가 말한바, '요행이 면한다'는 것이니 감히 두렵지 않으며 감히 생각지 않겠는가! 이러한 까닭에 옛날의 독서하는 사람은 반드시 義理를 밝히고 事物을 다스리는 도리를 배워서 몸에 이것을 체득하여 그 재주가 족히 쓰일 만했고 그 덕이 족히 볼만했다. 지금의 독서하는 사람은 대개 章句를 다듬고 詩文을 꾸미는데 힘써서 옛날에 비해서 더 수고롭지만, 그 인품은 거의 범부와 더불어서 다름이 없으니 이것이 어찌 성신이 남긴 책의 본뜻이겠는가?"라고 했다.

〈評釋〉

초학자와의 학문방법론, 효과론을 문답형식으로 서술한다.

사옹이 말하기를, "성인도 범부도 세상에 처하여는 오직 義를 따라서 일을 처리하는 것이 중요하다. 생각해보라. 성인·현인의 책에 千言萬語를 써놓은 것도, 사람에 대해서 義를 밝히고 일을 훌륭하게 처리함을 구하는 것뿐이다. 일은 一身, 一家, 國家, 天下事에 이른다. 義는 몸을 수양하고, 집안을 다스리고, 국가를 통치하고 천하를 편안케 하기 위한 정의를 따른다. 하늘은 음양이기를 운행하고 만물을 만들었다. 몸은 氣(血氣는 성질, 血은 육체)를 조절하고 목숨을 다한다. 사람은 정의와 일처리 방법을 배워 국가와 집안을 다스린다. 그것 인간의 氣와 正義心은 陽氣의 지배받고, 血과 일은 陰氣의 지배받는다. 어느 쪽이나 음양생성의 理에 따라 생기고 天人이 하나의 理의 지배받는 것을 나타낸다. 그러므로 인간은 육체를 떠나서는 살 수 없다. 인간도덕 위에서 정의심과 일을 처리하는 타당성을 떠나서는 세상에 살 수 없다. 세상에 처해서 일을 처리하는 것은 사람이 행해도 실은 천도의 가르침에 따르는 것이다. 그래서 맹자는 離婁篇 第四에 '하늘에 따르는 자는 살고, 하늘에 거스르는 자는 망한다'라고 하며, 논어에도 雍也篇에 '사람이 멋대로 하거나 정의의 도를 해치고 사는 것은 요행으로 한때를 연장해 살 뿐이다.'라고 한다. 옛부터 지금까지 국가든 개인이든, 천자이든 서민이든 모두 이 理에 지배받아 사는 것이다. 그렇지만 세상 사람들은 이것을 고려하지 않고, 자신의 기질이 생각하는 대로 사물을 처리한다. 그 처리방식도 하늘에 순행하는 자, 하늘에 역행하는 자, 여러 가지이다. 하늘에 거스르는 자는 一身·一家·一國을 망치고, 앉아있는 곳에서 순식간에 재앙이 일어난다. 그러나 때로는 귀인이든 천인이든 그 재앙에서 피하지만 그것은 공자가 말하는 요행히 파하는 자의 무리이다. 심사숙고해보라. 그래서 예전의 독서인은 반드시 義를 밝히고 일을 처리하는 學을 배워서 才와 德을 훌륭히 완성했다. 지금의 독서인은 대개 문장의 일구일언을 나열하고, 詩文의 말을 아름답게 늘어놓을 뿐이다. 그 공부는 옛사람보다 많이 하지만 그 인물은 범부와 다를 바 없다. 그것은 또한 성인의 가르침과 다르다.

〈注〉

· 聖経賢伝 – 성인의 쓴 책을 経이라 하고, 현인이 쓴 책을 伝이라 한다. 春秋는 経, 春秋左氏傳은 공자가 쓴 經書인 春秋를 현인인 左丘明이 해석했다.

· 血氣 – 氣는 성질, 血은 육체로 나눠 쓴다. 송학에서는 氣는 理에 대립하는 육체적 욕망을 가리킨다.

하늘에 따르는 자는 살고, 하늘에 거스르는 자는 망한다 : 참고로 출전 원문을 적으면서 살펴본다. '孟子曰, 天下道가 있으면, 小德은 大德에 役하게 하고, 小賢은 大賢에 役하게 한다. 天下道 없으면 小는 大에게 役하게 하고, 弱은 强에게 役하게 한다. 이 둘은 天이라. 하늘에 따르는 자는 存하고, 天에 역하는 자는 망한다.' 孟子曰 : 天下有道, 小德役大德, 小賢役大賢; 天下無道, 小役大, 弱役强. 斯二者天也. 順天者存, 逆天者亡. 齊景公曰 : 『旣不能令, 又不受命, 是絶物也.』 涕出而女於吳. 今也小國師大國而恥受命焉, 是猶弟子而恥受命於先師也. 如恥之, 莫若師文王. 師文王, 大國五年, 小國七年, 必爲政於天下矣. 詩云:

『商之孫子, 其麗不億. 上帝旣命, 侯于周服. 侯服于周, 天命靡常. 殷士膚敏, 祼將于京.』 孔子曰 : 『仁不可爲衆也. 夫國君好仁, 天下無敵.』 今也欲無敵於天下而不以仁, 是猶執熱而不以濯也. 詩云 : 『誰能執熱, 逝不以濯?』 《孟子》 離婁篇

혹은 그 근심을 면하는 것이 왕왕 있으니 이것이 공자가 말한 바, '다행스럽게 면하는 것'이다. 子曰人之生也直 罔之生也 幸而免 공자님이 말씀하시기를, "사람이 태어남은 곧은 것이니 정직하지 않고 사는 것은 요행으로 면하는 것이다." 《論語》 雍也篇

45

隣境老人語蓑翁曰 吾少將時 飽讀聖経賢傳百家之書 以爲學問有餘 自與翁結交後 屢聆言論 纔覺吾所學者 皆係虛學 而非儒家之本旨矣 敢問年晩如我可得學乎 翁曰昔者公孫弘 荀卿 曾子之輩 皆是晩學 終顯其名 故顔氏曰幼而學者如日出之光 老而學者 如秉燭夜行 然則所謂學問者 不在老少 唯在于立志耳 叟雖晩歲 若能立志 解惑修學則是儒家之本旨 所謂君子之儒 誠莫要焉 凡人非生而知之者 孰能無惑 惜世俗之人深受俗習 而其爲惑也終不解矣 或好讀書 愈加惑而不能醒 吾爲之嗟嘆焉

인근의 노인이 사옹에게 말하기를, "내가 소년과 장년시에 성현의 경전과 제자백가의 글을 푸짐하게 읽어서 학문이 여유가 있다고 여겼으나, 사옹과 더불어 사귄 뒤로부터 누차에 걸쳐 말씀과 논변을 듣고서 내가 배운 것이 모두 虛學에 매여서 유가의 본뜻이 아님을 알았다. 감히 묻건대 나와 같이 나이가 많은 사람도 학문을 얻을 수 있습니까?"라고 했다. 사옹이 말하기를, "옛날에 公孫弘, 荀卿, 會子의 무리들은 모두 晩學을 해서 마침내 그 이름을 드러내었다. 그러므로 顔氏가 말하기를, '어려서 배우는 것은 아침의 햇살과 같고, 늙어서 배우는 것은 촛불을 잡고 밤길을 가는 것과 같다'고 했다. 그런즉 이른바 학문이라고 하는 것은 老少에 있지 않고 오직 뜻을 세움에 있을 따름이다. 늙은 사람이 비록 나이가 많다고 할지라도, 만약에 능히 뜻을 세워서 의혹을 풀고 학문을 닦는다면, 이것이 유가의 본 취지이고 소위 군자라고 일컫는 선비에게는 誠보다 중요한 것이 없다. 범인은 나면서 아는 것이 아니니 누가 능히 의혹이 없을까? 세속의 사람이 세속의 습속을 깊이 받아서 그 의혹됨이 끝내 풀리지 않는 것이 애석하다. 혹은 독서를 좋아하되 의혹이 더욱 늘어 능히 깨이지 못하니 내가 이를 위해서 탄식할 따름이다."라고 했다.

〈評釋〉

修學의 要를 말한다.

이웃노인이, "나는 젊었을 때, 성인의 책, 현인의 책, 백가의 책을 모두 읽고, 학문을 충분히 했다고 생각했다. 사옹과 교유하여 말을 듣고 비로소 내 자신의 학문이 헛되고 유학의 본뜻을 파악하지 못함을 알았다. 나같은 노인의 늦은 공부에 대해 가르쳐 달라."

사옹이 대답하기를, "옛사람 公孫弘, 荀卿, 會子 등은 모두 晩學으로 이름을 떨쳤다. 안회는 '어린 소년의 공부는 아침햇살과 같고, 만학은 등불을 밝혀 어둔 길을 가는 것과 같다'고 했다. 학문은 노소를

불문하고 뜻을 세움이 어떤가에 달려 있다. 만일 뜻을 세워 인생의 미혹함을 해명하고자 하면, 이것이 바로 유교의 본취지이고 훌륭한 군자의 유학이다. 사람은 천재가 아닌 한 모두 헤매기 마련이다. 세인은 이 습속의 방황을 방황으로 생각지 않는다. 점차 미혹함이 쌓여 깨칠 수 없다. 유감스럽다.

〈注〉

· 百家의 書 – 중국의 2천 5백여년 전후인 춘추시대, 전국시대에 일가를 세운 많은 학자들의 책. 諸子百家.

· 公孫弘, 荀卿, 會子 – 公孫弘은 한나라 때 사람으로 나이 40에 비로소 春秋雜說을 배웠다. 문제 때 진사시험의 현량과 일등으로 합격하여 대신이 된다. 荀卿은 趙人이다. 나이 50에 齊로 간다. 맹자와 함께 놓일 만한 학자이다. 會子는 미상이다. 顔氏는 顔之推인데 남북조시대 사람, 문집 30권, 가훈 삼십편, 출전은 미상이다.

46

友人問簑翁曰 佛者謂人身雖死 妙體恒堅 歷劫不變 是故有功德者 既死復生 謂之再出 非若草木枯朽之屬矣 敢問實有此理否 曰他所謂妙體恒堅 歷劫不變者 乃人身所固得者是也 夫人身所固得者 自天地未闢 人物未生之前 而抵于今 止有一耳 夫一者本無生死 本無成壞 至大無外 至微無內 固非擬議可及 故

强以稱之一而已 窃想 生死成壞 乃造化之所致也 造化者所謂一者之妙能也 吾爲汝語 夫造化之機 生生不息 譬如川流潺 湲不舍晝夜 故孔子曰 逝者如斯云爾 豈仮既屈之氣 以爲方伸之氣哉 伸生也屈死也 若有既屈復伸之理 則往古來今 有功德者爭先恐後 皆可以得再世 何其往古而來 嘗無一人再出于世也 須能愼思審察 而消虛妄之惑矣 是則學問第一之務也

벗이 사옹에게 물어 말하기를, 불자가 일컫기를 人身이 비록 죽을지라도 妙體는 항상 견실해서 歷劫이 다하더라도 변하지 않는다. 이런 까닭에 功德이 있는 사람은 이미 죽어도 다시 태어나고 이를 일컬어서 다시 세상에 나온다고 하면서 마르고 썩는 초목의 무리와는 같지 않다고 하니, 감히 묻건대, "진실로 이러한 이치가 있는 것인가?" 라고 물었다. 사옹이 말하기를, "저 이른바 妙體가 항상 견고하고 歷劫동안 불변한다고 하는 것은 곧 사람 몸이 본래부터 얻은 것이다. 대저 사람 몸이 본래부터 얻었다고 하는 것은 천지가 개벽하지 않고 人物이 아직 생기기 전부터 지금에 이르기까지 하나가 있을 따름이다. 대저 하나라고 하는 것은 본디 生死가 없는 것이고, 본디 成劫과 壞劫이 없는 것이다. 지극히 커서 밖이 없고 지극히 작아서 안이 없다. 참으로 빗대서 논해도 가히 미칠 수 없다. 그러므로 억지로 하나라고 지칭할 따름이다. 고요히 생각하니 生死成壞가 곧 조화의 소치이다. 조화라고 하는 것은 하나라고 하는 것의 오묘한 능력이다. 내가 너를 위해서 말하노니 대저 조화의 기틀은 낳고 낳아서 쉬지 않음이다. 비유하자면 마치 냇물이 흐르고 흘러서 밤이나 낮이나 그침이 없는 것이다. 그러기에 공자가 말하기를, '흘러감이여 이와 같다'고 이른 것이다. 어찌 굽혀진 기를 빌어서 바야흐로 펴는 기운이 되는 것인가! 기가 펴는 것은 生하는 것이고, 기가 굽히는 것은 死이다. 만일에 이미 굽혀졌다 다시 펴는 이치가 있다면, 고왕금래에 공덕이 있는 사람은 앞서기를 다투고 뒤서기를 두려워 할 것이다. 모두 가히 써 再世함을 얻을 수 있다면, 어째서 고왕금래에 일찍이 세상에 다시 태어난 사람이 하나도 없는가? 모름지기 능히 신중하게 살피고 심심하게 살펴서 허망한 의혹을 꺼버려야 할 것이다. 이것이 학문하는 제일의 임무이다."라고 했다.

〈評釋〉

불교에서는 사람이 죽어서도 妙體(육체 내에 있어서 신묘한 작용을 한다)가 있어서 영생한다. 그러므로 덕을 쌓은 자는 죽어서도 생명을 부여 받는다. 초목이 말라 죽는 것과 다른지 어떤지 사옹에게 묻는다.

사옹이 말하기를, "불교의 歷劫不變이라 함은 인체에 내재한 고유한 것이다.(육체에는 생사가 있다. 우주의 실재와 상통하는 고결한 정신은 죽지 않는다. 육체는 죽어도 영원히 남는 정신-필자주) 인체의 고유한 이 정신은 천지가 열리기전부터 인간, 생물이 출현하기 전부디 유일하게 존재했으며 불변한다. 유일하게 존재하는 진리는 본래 생사, 成壞가 없다. 무한대로 크고 극미하게 작다. 사람의 사고가 미칠 수 없다. 따라서 억지로 이것을 말로 표현하면 하나로 밖에 말할 수 없다. 생, 사, 성, 괴는 조화신의 일이다. 조화라는 것은 우주 현상에 내재하는 초월적인 것, 즉 '하나'가 만드는 신의 기술이다. 나는 당신에게 알리고 싶다. 조화의 미묘한 활동은 점점 발전하여 멈추지 않고 개벽에서 오늘에 이른다. 강물의 흐름이 쉼 없이 흘러 주야로 그치지 않고 오늘에 이름과 같다. 이것을 공자는 비유적으로 逝者(왕성하게 발전하여 그치지 않는 것 – 필자주)라 했다. 어째서 이미 죽은 氣가 다시 사는가? 이미 죽은 것이 다시 재생한다면 아주 오랜 옛날부터 오늘날까지 공덕 있는 사람은 재생을 다툴 것인데, 현실에는 단 한사람조차 재생하지 않았다. 잘 생각해보라. 허망하고 미혹함을 없애는 것이 학문의 첫 번째 의무이다."

〈注〉

유학은 송대에 이르러 형이상학적 실재론을 주장했다. 그 시작을 이룬 사람이 주돈이이다. 그의 학설에 따르면 우주의 본체는 형체도 색도 냄새도 없으므로 무극이라 한다. 이 우주의 본체에서 만물이 생겨나므로 태극이라 한다. 즉 우주 본체는 무극으로 하여 태극이 된다. 이 태극에는 음양 이기가 포함되어 있다. 태극이 움직이면 양이 생기고, 고요하면 음을 낳는다. 태극의 동적 적극적 작용이 양이고, 반대가 음이 된다. 음양의 작용으로 木火土金水가 생기고, 그 작용으로 만물이 생긴다. 이 실재론은 다시 주자학·양명학의 우주관으로 발전한다.

蔡溫은 여기에서 불교의 육도윤회, 삼세윤회 사상을 유교적 우주관으로 배척하려 했다. 이 장에서 말하는 우주개벽 이후 불변하고 우주처럼 무한대이고, 눈에 보이지 않는 극미하기도 한 것은 태극이다.

·歷劫不變 – 겁은 매우 오랜 시간, 찰나의 반대.

逝者如斯云爾 – 《論語》 子罕篇

47

一士謂簑翁曰 仲尼不語怪 翁何爲語之 曰彼一時此一時也 吾爲汝語 凡人爲七情六欲所敝 而離義懷古者 謂之實惑 爲虛誕幻說所敝 而以虛爲實者 謂之虛惑 窃稽 三皇五帝以至三代 其習俗唯有實惑而無虛惑 是故歷代聖人 說仁義談忠孝 而不及乎語怪 夫怪者或形體變革 或結影作像 如此等類乃二五妙氣之所致 而非平時實有矣 古者見之以爲怪 而世俗不爲之受惑也 奈當漢明之時 權巧幽冥之說 初入中國 自爾而來衆生妄信其說 且好事者 亦能飾言以增奇異之態 今也風俗 不惟爲實惑所敝 更加虛惑而交亂之 是故擧國人民 舍實馳虛 如水之就下沛然而流 仁義美俗 逐爲虛惑所敗焉 是今世所所以大異于往古者也 然則今之講學者 須能竭心用工 務除二惑而登豁達之堂 若不然 則生涯間 雖讀萬卷 而其爲惑也積于胸次 終不解矣 其烏得謂講學之人哉

한 선비가 사옹에게 말하기를, “仲尼가 怪異함을 말하지 않았다고 했거늘 사옹께서는 어째서 이렇게 말을 합니까?” 사옹이 말하기를, “저 것도 한 때이고 이것도 한 때이다. 내가 너를 위해서 말하리다. 무릇 사람이 七情과 六欲에 가린 바 되어서 義를 떠나서 옛날만을 생각하는 것을 實惑이라고 하고 虛誕하고 幻說에 가린바 되어서 虛를 가지고 實이라고 여기는 것을 虛惑이라고 한다. 그윽이 헤아려보니 三皇五帝로 삼대에 이르기까지 그 습속은 오직 실혹만 있고 허혹이 없었다. 이런 까닭에 역대의 성인은 仁義를 이야기하고 忠孝를 말했으나 괴이함을 말하는데 이르지는 않았다. 대저 괴이하다고 하는 것은 혹은 형체가 변혁되고, 혹은 그림자를 맺어서 형상을 짓기도 하니, 이러한 등류들은 곧 이기와 오행의 妙氣가 이루는 것이니 평시에는 실제로 있지 않다. 옛날 사람은 이를 보고서 괴이하다고 여겼으되, 세속의 사람은 의혹됨을 받지 않았다. 마침내 漢명제의 때를 당하여 權巧幽冥의 설이 처음에 중국에 들어온 이래로 중생들은 망령되이 그 설을 믿었다. 또한 호사한 사람은 또한 능히 말을 장식하여 기이한 자태를 증식했다. 오늘날의 풍속은 오직 實惑의 가린 바가 된 것만 아니라 다시금 虛惑이 보태져서 교란시킨다. 이런 까닭에 온 나라의 人民이 실을 버리고 허로 치달아서 마치 물이 아래로 내려 패연하게 흘러가는 것과 같아서 仁義美俗은 드디어 허혹에 패한 바 되었다. 이것이 지금과 옛날이 크게 다른 바이다. 그런즉 오늘날의 강학하는 사람은 모름지기 마음을 다하여 공교함을 써서 두 가지 의혹을 제거하는데 힘쓰고 활달한 집에 오르기를 힘써야 한다. 만일에 그러지 않은즉 생애에 비록 만권의 책을 읽었다고 해도 그 의혹됨이 가슴에 쌓여서 마침내 풀리지 못할 것이니, 그것을 어찌 강학하는 사람이라고 일컫겠는가!"라고 했다.

〈評釋〉

선비가, "공자는 논어에 '괴력난신을 말하지 않는다.'고 한다. 그런데 당신은 왜 '怪'에 관해 말하는가?"하고 물었다.

사옹이 대답하기를, "공자시대는 공자시대, 지금은 지금이다. 세태가 변했다. 대략 사람은 七情 六欲에 사로잡혀 정의에 대한 감정보다도 명예를 얻고자 하는 욕망에 유혹당하기 쉽다. 이것이 實惑(현실적,

세간적 유혹)이다. 현실을 떠나 근거 없는 幻說, 幻影에 사로잡혀서 허구를 사실이라 하고 믿는 것을 虛惑(환영에 의한 유혹)이라 한다. 중국 개벽신화의 신인 삼황오제에서 한·은·주 삼대에 이르기까지에는 현실적 세간적 욕망만이 있었다. 허구인 환상적 욕망은 없었다. 이 시대에 이 전설의 주인공인 황제들은 인의충효를 설하고, 괴담을 말할 필요가 없었다. 괴담이란 것은 형태가 변하는 소위 귀신같은 것이므로, 허상·환영 등이다. 이들 괴담은 음양오행의 영묘한 활동에 의해서도 일상적으로는 실재하지 않는다. 예전에는 이것을 요괴로 간주하고 세간에서도 여기에 유혹당하지 않았다. 前漢의 明帝에 저승인가 지옥극락 등의 가설과 幽冥說을 가르치는 불교가 중국에 들어오고 나서, 중생이 그 이야기를 맹신, 게다가 이를 좋아하는 자가 그것을 허황하게 과장하여 괴담을 만들어 냈다. 현재의 강학자는 세간적 욕망에도 유혹되지 않고, 불교적인 초실재적인 욕망에도 유혹되지 않고, 유학의 넓은 마음의 세계에 오르지 않으면 안 된다. 그렇지 않으면 한평생 만권의 책을 읽어도 의혹이 마음에 쌓여 마침내 이를 해결할 수 없고 학문 연구의 목적을 잃게 된다.

〈注〉

· 七情 – 喜, 怒, 哀, 懼, 愛, 惡, 欲 (禮記) / 喜, 怒, 憂, 懼, 愛, 憎, 欲 (釋氏要覽)

· 六欲 – 六根, 眼·耳·鼻·舌, 意에서 나오는 欲

· 三皇 – 복희, 신농, 황제

· 五帝 – 少昊, 顓頊, 帝嚳, 唐堯, 虞舜. 중국 개국신화의 聖天子로 중국 건국의 공이 크다.

■ 김헌선

경기대학교 인문대학 국어국문학과 교수.
『한국의 창세신화』, 『경기도 도당굿 무가의 현지 연구』, 『양주소놀이굿』, 『서울지역 안안팎굿 무가자료집』, 『설화 연구 방법의 통일성과 다양성』, 『한국구전동요연구』, 『옛이야기의 발견』 외 다수.
그 가운데 유구국에 관련된 저작으로 『류큐설화집 《유로설전》』이 더 있어 이 책과 자매편을 이룬다.

유구국 사상가
채온의 《사용편언》

2014년 2월 26일 초판 1쇄 펴냄

역편 김헌선
발행인 김흥국
발행처 도서출판 보고사

책임편집 이순민
표지디자인 윤인희

등록 1990년 12월 13일 제6-0429호
주소 서울특별시 성북구 보문동7가 11번지 2층
전화 922-5120~1(편집), 922-2246(영업)
팩스 922-6990
메일 kanapub3@naver.com
http://www.bogosabooks.co.kr

ISBN 979-11-5516-221-7 93150

정가 13,000원

이 도서의 국립중앙도서관 출판시도서목록(CIP)은 서지정보유통지원시스템 홈페이지(http://seoji.nl.go.kr)와 국가자료공동목록시스템(http://www.nl.go.kr/kolisnet)에서 이용하실 수 있습니다. (CIP제어번호 : CIP2014004884)